# Henry Manzano

# LÓGICA

- *Lógica formal*
- *Lógica simbólica*
- *Lógica dialéctica*
- *Lógica andina*

**TÍTULO ORIGINAL:**
**LÓGICA**
**DEPÓSITO LEGAL:** 4-1-313-14
**ISBN:** 978-99974-41-51-5
**SENAPI:** 1-509-2014.


**REVISIÓN Y DIAGRAMACIÓN:**
LIC. DENNIS ZUAZO
LIC. RAFAEL CALCINA
TEC. RAFAEL SIÑANI


**TELÉFONO:** 2470716
**CELULAR:** 73273248
**E-MAIL:** henryman-manzano@hotmail.com


**COLECCIONES CULTURALES EDITORES IMPRESORES.**
CALLE DIEZ DE MEDINA No. 764, ZONA LOS ANDES LA PAZ
- BOLIVIA PRIMERA EDICIÓN:
**DERECHOS RESERVADOS.**
**IMPRESO EN BOUVIA - PRINTEDIN BOLIVIA**

# LÓGICA

# PRÓLOGO

La lógica en el nivel secundario y superior, es bastante compleja y difícil de entender; a tal punto que los estudiantes la aprueban simplemente por cumplir un formalismo académico, un compromiso asumido que no siempre es querido. No se toma en cuenta que el conocimiento de la lógica en sus cuatro dimensiones: **lógica formal, lógica simbólica, lógica dialéctica y lógica andina,** desarrollan en el estudiante su capacidad de razonamiento, crítica, análisis y síntesis. Esto a su vez se traducirá en la correcta y coherente expresión de los pensamientos, porque se llegará a la aplicación correcta de las leyes que rigen la estructura y formación de los pensamientos y porque se verá en el caso de la lógica dialéctica y la lógica andina, la realidad histórica de nuestros pueblos de manera diferente, con sentido crítico, reflexivo y analítico.

Esta percepción de la lógica, hace que Henry Manzano utilice en la presente obra, términos sencillos pero que no dejan de ser profundos, empleando una **didáctica** propia de los buenos docentes.

En este libro existe una gran innovación, que no es tomada en cuenta por otros autores, que es la inclusión de la **lógica dialéctica** y la **lógica andina,** como instrumentos de estudio de la realidad, del mundo, de nuestro país y de sus pueblos indígena - originarios.

Todo conocimiento, como en este caso debe tener la finalidad de buscar una transformación cualitativa no solo del ser humano, sino también de su realidad, y en este caso, eso pretende ser este libro de lógica, un nexo entre **la lógica formal y la lógica simbólica,** que representa lo que siempre hemos conocido; y **la lógica dialéctica** y **la lógica andina,** que representa y explica la realidad de los pueblos americanos y de nuestro país.

Por todo ello, felicito al Dr. Henry Manzano, por esa su inquietud de aportar a su comunidad, a su sociedad y a su país, con esta su obra titulada: **"Lógica",** que es eso al final, un aporte valioso al conocimiento de nuestros jóvenes estudiantes, no sólo de los colegios sino también de las ESFM's y de las universidades.

Lic. Rubén Perez Nina

Docente de filosofía de la ESFMTHEA

# PRESENTACIÓN

LÓGICA, es un libro de filosofía que está dirigido a estudiantes de secundaria, normalistas, universitarios, profesores y público en general.

Este libro está dividido por cuestiones didácticas en cuatro partes, que son: Lógica formal, lógica simbólica, lógica dialéctica y lógica andina.

La lógica formal estudia las leyes que rigen la estructura y formación de los pensamientos, siendo estas leyes las que nos permiten expresar nuestros pensamientos de manera correcta y coherente.

La lógica simbólica estudia las conclusiones que se pueden obtener a partir de premisas dadas con anterioridad, empleando para ello una simbología especial y la rigurosidad de la matemática.

La lógica dialéctica es una de las ramas de la filosofía, que nos enseña que todo en la realidad tiene su negación, su contradicción, que hace posible la existencia de movimiento y desarrollo en la materia, en el hombre, en la naturaleza, en el mundo y en el cosmos.

La lógica andina, es un enfoque de los saberes y conocimientos ancestrales de los pueblos originarios de América, que se traducen en cuatro principios que son: El principio de relacionalidad, el principio de complementariedad, el principio de reciprocidad y el principio de correspondencia.

La lógica es una de las materias o unidades de formación que causan mayor temor en los estudiantes y docentes, por la rigurosidad y complejidad de su estudio; por esta razón, es importante enfocar esta rama del saber de la manera más didáctica posible, con términos claros y sencillos, y con ejemplos que puedan ser entendidos; tanto por estudiantes, como por docentes.

Por otra parte es importante señalar que la lógica es una herramienta educativa fundamental para desarrollar en las personas su capacidad de análisis, razonamiento y síntesis a partir de la resolución de ejercicios lógicos.

Finalmente es necesario enfatizar que este material, pretende ser un aporte para todos aquellos amantes del saber y la verdad, que quieran incursionar en el fascinante mundo de la lógica, sus transformaciones y su aplicabilidad en la realidad boliviana, porque la lógica no puede permanecer al margen de las transformaciones globales, como ser: revoluciones políticas, sociales y culturales, el desarrollo de las ciencias y la masificación de los medios de comunicación.

EL AUTOR

# *A GRADECIMIENTOS:*

Mi gratitud especial y sincera por las valiosas sugerencias, la revisión crítica del libro, pero fundamentalmente por su apoyo, estímulo y comprensión a las siguientes personas:

A mí hermana Betty Manzano, por brindarme su apoyo moral y material, en los buenos y malos momentos.

A mi amigo Javier Medrano, por brindarme su amistad sincera e incondicional.

Al licenciado: Esdras Josué Paucara Quispe por su colaboración en el capítulo "Silogismos".

A los trabajadores de "Colecciones Culturales Editores Impresores", por la dedicación y esfuerzo que le ponen a su trabajo.

A los estudiantes de la carrera de Cosmovisiones, Filosofía y Psicología de la ESFMTHEA.

Para ellos, mi más grande reconocimiento de gratitud.

**EL AUTOR**

# LÓGICA FORMAL

# CAPÍTULO I
## INTRODUCCIÓN A LA FILOSOFÍA

Es difícil dar un concepto de filosofía cuando no se tiene la vivencia filosófica necesaria. Para hacerlo, es imprescindible sumergirnos en este campo de conocimiento inmenso y complejo; porque sólo de esta manera; conociendo sus partes, podremos comprenderla y conocerla para luego recién poder dar un concepto cabal de ella.

Para tener un acercamiento conceptual de la filosofía, recurriremos en primera instancia a su etimología.

## ETIMOLOGÍA

La palabra filosofía deriva de las voces griegas **PHILO** que significa amor, amigo, amante y **SOPHIA** que significa sabiduría. Entonces según su etimología, filosofía significa un **"AMOR ALA SABIDURÍA"**, lo que convertiría a un filósofo, en un eterno buscador de la verdad y por consiguiente; en un eterno buscador de la sabiduría.

## CONCEPTO TENTATIVO

Entendiendo que es difícil proporcionar de "buenas a primeras" un concepto de la filosofía, y mucho más cuando existen contradicciones vigentes entre los mismos filósofos; quienes por un lado, afirman que es una **ciencia** y otros por su parte, niegan esa situación, señalando que es simplemente un **saber.** Por esta razón, solo nos limitaremos a dar un concepto tentativo, un concepto provisional, y diremos que:

**"La filosofía es un saber racional, reflexivo, crítico y especulativo, que estudia problemas generales de la realidad".**

Es sólo un saber porque no reúne todas las características de una ciencia, y los problemas generales que estudia son: el alma, Dios, la existencia, la vida, el pensamiento, el espíritu, la realidad y otros.

Se debe entender por **"realidad"**, todo aquello que existe, todo lo que podemos captar con nuestros sentidos, razón y corazón.

## DIVERSAS DEFINICIONES

"La Filosofía es el conocimiento de la esencia general de las cosas" (Platón).

"La Filosofía es la ciencia que estudia al ente en cuanto ente" (Aristóteles).

"La Filosofía es la ciencia de lo absoluto" (Hegel).

"La Filosofía es la ciencia general y fundamental" (Descartes).

"La Filosofía es la ciencia de los verdaderos principios, de los orígenes y de las raíces de todas las cosas" (Husserl).

"La Filosofía es un conocimiento racional por medio de conceptos" (Kant).

"La Filosofía es el conocimiento de las esencias y de las relaciones esenciales del ente" (Scheler).

"La Filosofía es la ciencia de todas las cosas posibles y de sus fundamentos" (Wolf).

"La Filosofía es un saber que estudia los problemas de la realidad toda" (G. Francovich).

## ACTITUD NECESARIA PARA HACER FILOSOFÍA

AParménides se lo consideró como **"El grande de la filosofía griega"**, **"El niño de la filosofía"**, no solo por preguntarse por primera vez: ¿Qué es el Ser?; pregunta que cambio la dirección filosófica de ese entonces, sino por su **actitud de admiración** propia de los niños. Esa es la actitud que debe mostrar un filósofo, **la admiración** por todo lo que sucede a su alrededor, cosas que para los demás pasan desapercibidos.

# EVOLUCIÓN Y DESARROLLO DE LA FILOSOFÍA

La filosofía surge en Grecia durante el siglo VII a.C. pero tiene sus antecedentes en China e India; desde entonces, al igual que cualquier conocimiento humano, ha ido evolucionando a lo largo del tiempo.

El **primero en autodenominarse como filósofo** fue **Pitágoras,** cuando se le preguntó por la profesión que tenía.

En la **Edad Antigua** la filosofía abarcaba todo el conocimiento humano, un filósofo lo conocía todo, es decir: el trívium (gramática, teórica y dialéctica) y el quatrívium (aritmética, geometría, música y astronomía).

En la **Edad Media** como era lógico suponer, la Filosofía se divide en teología y filosofía, porque todo giraba en función de Dios y la religión. Los religiosos eran los únicos que poseían conocimientos, es por eso que ponen a la teología por encima de la filosofía.

Durante la **Edad Moderna** y a partir de los descubrimientos que se dan en los siglos XV y XVI, la filosofía se divide en tres grandes campos: Gnoseología o teoría del conocimiento. Axiología o teoría de los valores y Ontología o teoría de los objetos.

En la **Edad Contemporánea** la Filosofía se divide en todas las ciencias que conocemos, por eso se la denomina **"la madre de todas las ciencias"**.

La **lógica** es una de las ciencias que se desprenden de la filosofía.

Como podemos apreciar, la Filosofía ha evolucionado en más de 25 siglos, ya no es la misma, el hombre tampoco es el mismo y el mundo no es la excepción. Es una filosofía diferente y más renovada, por lo que podemos concluir, que filosofar en la actualidad es también diferente al filosofar de los filósofos griegos, chinos, hindúes, religiosos medievales y de los modernistas.

## IMPORTANCIA DE LA FILOSOFÍA

La importancia del estudio de la filosofía radica, en que a través de ella podemos conocer e interpretar nuestra realidad y la realidad de los demás, para luego buscar una transformación cualitativa de la misma.

La Filosofía no tiene que ser solo teórica, sino también se la debe plasmar en la práctica, en la transformación cualitativa de nuestra realidad y la realidad de los demás.

A través de la filosofía se debe buscar una transformación cualitativa de nuestra realidad circundante, de la naturaleza e incluso del mundo, porque el filósofo no está al margen de la realidad; como cualquier ser humano es producto de sus vivencias, del momento histórico en el que se desenvuelve, pero fundamentalmente es producto de sus intereses y necesidades.

**El filosofar en la actualidad implica: "Pensar sobre lo ya pensado en nuestras sociedades y el mundo", "Pensar como una expresión de libertad, ya que gracias a esa libertad, podemos llegar a la verdad y ser libres verdaderamente"[1].**

Esto es cambio, esto es revolución, esto es libertad pero cualitativa, siendo la filosofía a partir de esto, un instrumento revolucionario por donde se lo vea, que mejora cualitativamente nuestras sociedades, nuestro mundo y por consiguiente al ser humano mismo. Ahí radica su importancia y su necesidad.

---

1 MANZANO, Henry. (2010). Filosofía interpretada y revolucionaria. Bolivia. Pág. 35

# PARA QUE ENTIENDAS MEJOR...

**Responde las siguientes preguntas:**

¿Qué es la filosofía, según su etimología?

R............................ ......................................................

...................... ......................................................

¿Cómo se divide la filosofía en la Edad Media?

R..........................................................................

......................................................................

¿Por qué se considera a la filosofía, como la "Madre de todas las ciencias"?

R..........................................................................

......................................................................

¿Cuál es la importancia de la filosofía?

R..........................................................................

......................................................................

# CAPÍTULO II

## INTRODUCCIÓN A LA LÓGICA

### ETIMOLOGÍA

La palabra lógica deriva de la voz griega **logos** que tiene diversos significados, como ser: tratado, discurso, palabra, idea, argumento, razón, principio, método y pensamiento. Este último significado representa en esencia lo que es la lógica, ya que según su etimología se la denomina como la: **"Ciencia de los pensamientos"**.

### CONCEPTO

**La lógica "es la disciplina filosófica que estudia las normas y principios que rigen la estructura y expresión de los pensamientos".**

La estructura de los pensamientos, está regida por normas y principios, que permiten la correcta y coherente expresión de los pensamientos.

### EL PENSAR Y LOS PENSAMIENTOS

Existe una diferencia entre el pensar y los pensamientos.

### PENSAR

Es ese hecho psíquico por el cual ponemos toda nuestra atención sobre un objeto determinado, para conocerlo (conocer sus cualidades, propiedades y características).

### PENSAMIENTO

Es el producto de ese hecho psíquico llamado pensar, que se traduce en ideas. **El pensamiento es el objeto de estudio de la lógica.**

### CLASES DE LÓGICA

Existen dos clases de lógica: La lógica general o teórica y la lógica especial o aplicada.

## LÓGICA GENERAL

Estudia a todos los pensamientos en general, sin excepción alguna.

## LÓGICA ESPECIAL

Estudia una determinada categoría o clase de pensamientos.

## IMPORTANCIA DE LA LÓGICA

La importancia del conocimiento de la lógica radica en que, a través de ella podemos estructurar y expresar nuestros pensamientos de manera correcta y coherente.

## HISTORIA DE LA LÓGICA

### Edad Antigua

En esta etapa surge y se desarrolla la lógica en el seno de la filosofía, no sólo en Grecia, sino también en la India y China, entre los siglos VII y el siglo I a.C., por esta razón la lógica, es conocida como una de las ciencias más antiguas del mundo.

**Aristóteles es considerado como el fundador y padre de la Lógica,** por ser el primero en sistematizar sus estudios con respecto a los conceptos, definiciones, proposiciones, silogismos y los razonamientos falsos y verdaderos. Todo esto en su famosa obra: **"Órganon".** Para Aristóteles la lógica era el método del cual debemos valernos para hacer filosofía. Posteriormente los estoicos introdujeron el silogismo hipotético y anunciaron la lógica proposicional, pero no tuvo mucho desarrollo.

### Edad Media

En este periodo **Averroes,** fue uno de los principales árabes en rescatar la lógica aristotélica y regresarla a Occidente, con el nombre de **Dialéctica.** La lógica mantiene la condición de ciencia propedéutica.

En la Baja Edad Media su estudio era requisito para acceder a cualquier universidad, ya que era materia de estudio a partir del s. XIII.

**Edad Moderna**

Los filósofos racionalistas como Descartes, Pascal y Leibniz, aportaron al desarrollo de la **Lógica Simbólica** a través de sus conocimientos de la matemática, desarrollando un lenguaje especial en base a símbolos y apoyándose en las leyes y principios de la matemática. También se desarrolló y se potenció la **Lógica Dialéctica** en base al pensamiento de Hegel.[2]

**Edad Contemporánea.**

En esta etapa hubo muchos aportes de reconocidos filósofos y matemáticos, como: Fichte, Schelling, Boole, Venn, Frege, Russell y North Whitehead, quienes desarrollaron aún más la **Lógica Simbólica.** Por su parte los filósofos idealistas como Hegel y materialistas como Marx y Engels, desarrollaron y potenciaron la **Lógica Dialéctica.**

En Latinoamérica y en especial en Bolivia, existe una tendencia a desarrollar la **Lógica Andina,** como expresión de la sabiduría de nuestros pueblos originarios y naciones indígenas.

---

2 GUÉTMANOVA, Alejandra. (1970). Lógica. URSS. Pág. 42

# PARA QUE ENTIENDAS MEJOR...

## Completa la palabra o frase que falta:

La lógica según su etimología, es la ciencia que estudia los

.........................................
La lógica se divide en dos: lógica...................................y lógica
especial.

La...............................de la lógica radica en que a través de
ella, podemos estructurar y expresar nuestros pensamientos
de manera correcta y coherente.

..............................es considerado como el fundador y
padre de la lógica.

El..............................es el producto de ese hecho psíquico
llamado                                              pensar.

# CAPÍTULO III

## TEORÍA DEL CONCEPTO

Los pensamientos que son el objeto de estudio de la lógica, se componen de juicios y estos a su vez se componen de conceptos, siendo en este caso el concepto, el elemento básico y esencial de la lógica.

## DIFERENCIA ENTRE IDEA Y CONCEPTO

La idea es la representación mental de un objeto conocido (real, ideal, metafísico y valores).

El concepto es el elemento lógico que da significación a las **ideas nuevas** a partir de su relación con las ideas previas (ideas anteriores a la nueva).

Gracias a los conceptos podemos dar significación y valor a los signos, símbolos, letras y palabras.

Ejemplos:

Hombre:    es un concepto

Caballo :    es un concepto

Pecado :    es un concepto

Alegría :    es un concepto

Filosófico:  es un concepto

Ellos :    es un concepto

Todos los conceptos encierran notas esenciales, características particulares que los distinguen de los demás. Así por ejemplo: si hablamos del **concepto escuela** realizamos inmediatamente una representación mental y nos imaginamos **una construcción con aulas, pizarras, una campana, profesores y estudiantes**. Estos últimos elementos mencionados representan las notas esenciales o características particulares del concepto mencionado.

Si hablamos del **concepto caballo**, sus notas esenciales son: **cuadrúpedo, herbívoro, mamífero y animal de carrera**.

Este concepto representa todas estas características, no es necesario mencionarlos de manera expresa porque implícitamente ya están contenidos en el **concepto caballo.**

## PROPIEDADES DE LOS CONCEPTOS

Las propiedades del concepto son: Contenido y extensión.

## CONTENIDO

Es el conjunto de características y notas esenciales que encierra un concepto.

Ejemplo:

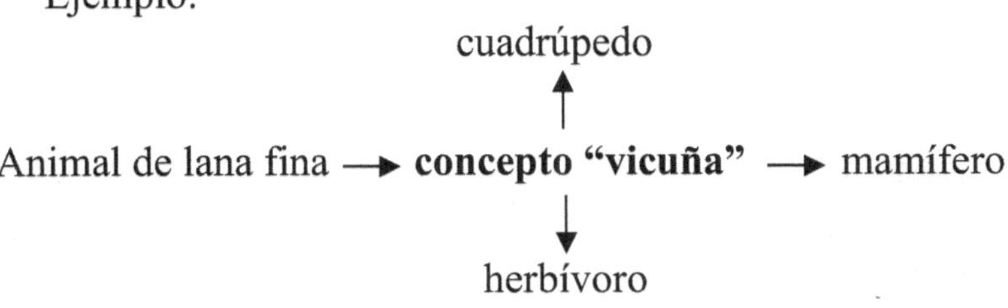


Si hablamos del **concepto vicuña,** sabemos que implícitamente encierra los conceptos de: cuadrúpedo, mamífero, herbívoro y animal de lana fina (notas esenciales).

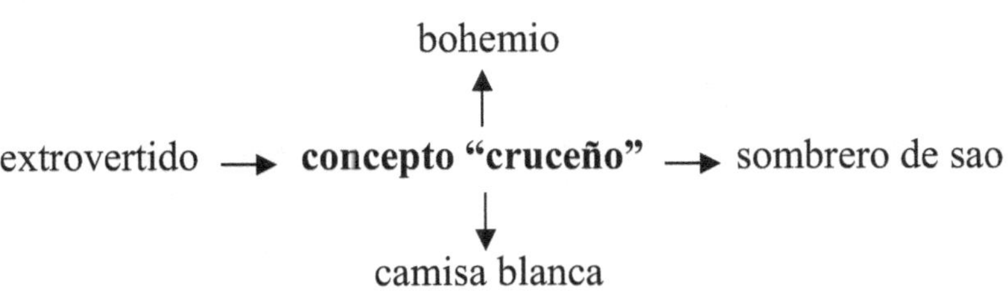


Si hablamos del concepto cruceño, sabemos que implícitamente encierra los conceptos de: bohemio, extrovertido, sombrero de sao y camisa blanca (notas esenciales).

## EXTENSIÓN

Es el número de individuos u objetos a los cuales se aplica el concepto, es decir, se refiere a todos los objetos que abarca un concepto.

Ejemplo:

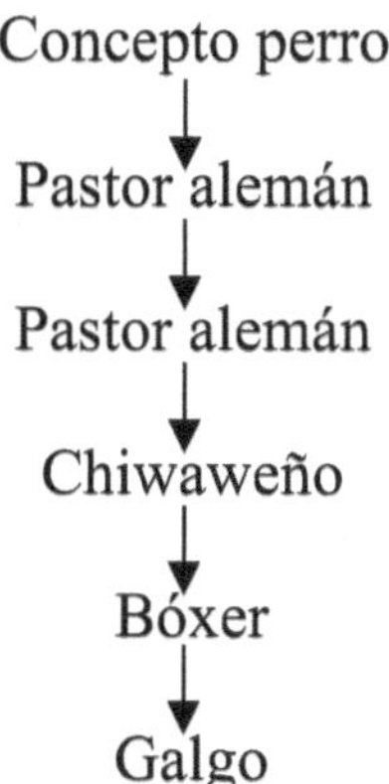


Si hablamos de la extensión del **concepto perro,** nos referiremos a todos los conceptos a los cuales abarca este concepto, como ser: Concepto pastor alemán, concepto chiwaweño, concepto bóxer y concepto galgo, entre otros; porque cuando hablamos del **concepto perro,** nos referimos a todos los perros existentes, sin importar la raza.

La **relación** que existe entre el contenido y la extensión es: a mayor contenido menor extensión y **a mayor extensión menor contenido.**

## CLASIFICACIÓN DE LOS CONCEPTOS

Existen diversas clasificaciones de los conceptos, pero nosotros señalaremos la siguiente clasificación: conceptos genéricos, conceptos específicos y conceptos individuales.

## CONCEPTOS GENÉRICOS

Se refieren a todos los objetos que pertenecen a un mismo género.

Ejemplo: el concepto colegio y el concepto héroe.

Si hablamos del **concepto "colegio"** nos referimos a todos los colegios existentes, no importando el tamaño, el color, lugar o características que tenga; de la misma manera, si hablamos del **concepto "héroe",** nos referimos a todos los héroes del mundo, sin importar sus características ni su nacionalidad.

## CONCEPTOS ESPECÍFICOS

Se refieren a todos los objetos que pertenecen a una misma especie. Ejemplo: el concepto **"colegios de Bolivia"** y el concepto **"héroes de La Paz"**.

**Si hablamos del concepto "colegios de Bolivia", nos** referimos a todas los colegios existentes en Bolivia, no importando sus características ni el departamento donde se encuentren.

De la misma manera si hablamos del **concepto "héroes de La Paz",** nos referimos a todos los héroes paceños, no importando sus características, ni la provincia del cual son originarios.

## CONCEPTOS INDIVIDUALES

Se refieren a todos los objetos sui generis, únicos en su clase.[3] Ejemplo: el concepto **"Colegio Nacional San Simón de Ayacucho"** y el concepto **"Túpac Katari"**.

Si hablamos del concepto **"Colegio Nacional San Simón de Ayacucho"** nos referimos a la Unidad Educativa que se encuentra ubicada en la calle Yanacocha S/N, esquina Ingavi de la Ciudad de La Paz, es un concepto único en su género y clase, porque no hay dos unidades educativas con las mismas características.

De la misma manera si hablamos del **concepto Túpac Katari,** nos referimos al héroe que nació en la localidad de Ayo Ayo del departamento de La Paz y que luchó contra la tiranía y la opresión española, junto a su esposa Bartolina Sisa. Es un concepto único en su género y clase, porque no hay dos héroes con esas mismas características.

Otro ejemplo que podemos dar de conceptos individuales es tu **nombre,** que incluye tu **nombre de pila** (segundo nombre si ese es el caso) y **apellidos.** Es por eso que tú querido lector eres único en tu género y clase.

---

3 GARCIA, Jorge. (1960). Curso de filosofía. Argentina. Pág. 48

## PARA QUE ENTIENDAS MEJOR...

**Defíne la verdad o falsedad de las siguientes afirmaciones:**

El concepto es el elemento lógico que da significación a los signos, símbolos, letras y palabras.

**Falso**          **Verdadero**

El concepto tiene tres propiedades: contenido, extensión y magnitud.

**Falso**          **Verdadero**

Los conceptos individuales se refieren a los objetos que pertenecen a una determinada especie o clase.

**Falso**          **Verdadero**

La extensión se refiere a las características esenciales de un objeto.

**Falso**          **Verdadero**

# CAPÍTULO IV

## TEORÍA DEL JUICIO

### CONCEPTO

El juicio es la relación enunciativa de conceptos, por el cual se afirma o niega algo de algo. Emitir un juicio es afirmar o negar algo de algo.

Ejemplo:

J1 Javier Medrano es un buen amigo.

algo ◄— afirmo algo de...

J2 La verdadera amistad no es interesada.

algo ◄— niego algo de...

Como se puede apreciar en estos dos ejemplos, en los juicios se afirma (**es un buen amigo**) o niega (**no es interesada**) algo de algo (**Javier Medrano, la verdadera amistad**).

### ELEMENTOS ESENCIALES DE LOS JUICIOS

Los elementos esenciales del juicio son: Concepto sujeto, concepto predicado y concepto cópula. Ej.:

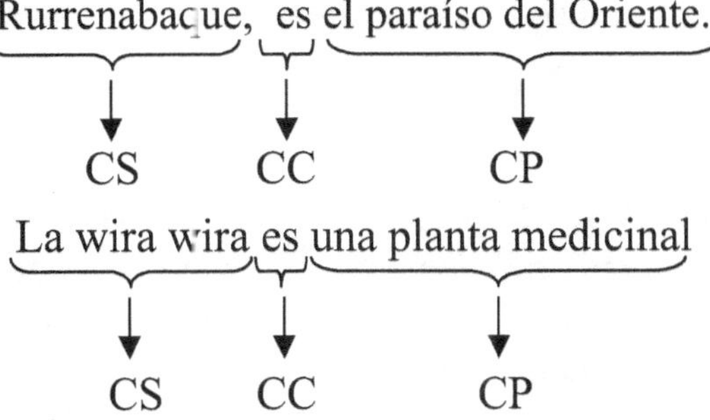


### CONCEPTO SUJETO

Es aquel del cual se afirma o niega algo.

### CONCEPTO PREDICADO

Es lo que se dice del concepto sujeto.

## CONCEPTO CÓPULA

Es el nexo lógico entre el concepto sujeto y el concepto predicado, que se expresa a través de los **verbos ser** y **estar** en todas sus formas. El verbo representa acción, movimiento, existencia, condición o estado del sujeto.

**En algunos casos el concepto cópula está implícito en el** concepto predicado.

Ejemplo: Los niños sufren.

En este ejemplo no existe el concepto cópula, pero se halla implícito en el verbo sufrir, lo que equivaldría a decir: los niños están sufriendo o los niños son maltratados.

## FÓRMULA DEL JUICIO

La fórmula del juicio es "S es **P**" si es afirmativo. Si es negativo su fórmula es "S no es **P**"

Ejemplo:

**Chumacero es deportista**  S es P

**Rupertita no es dentista**  S no es P

## CLASIFICACIÓN DE LOS JUICIOS

Existen diversos criterios de clasificación de los juicios, pero distinguimos principalmente los siguientes:

## SEGÚN EL OBJETO

### Reales

Se refieren a objetos reales, físicos o psíquicos independientes del pensamiento como por ejemplo: la manzana, el balón, el cerro, la alegría, la tristeza, el satélite, el tren, el altiplano, el litio, etc.

Las **uvas** son dulces.

El **odio** es dañino para el alma.

El **Dakar** es una realidad deportiva.

### Ideales

Se refieren a objetos ideales cuya existencia no es física ni material ya que es dependiente de los pensamientos; no tienen temporalidad y son: los números, el concepto, las operaciones matemáticas, etc.

El **hexágono** es un polígono.
**Las operaciones matemáticas son abstractas.**
Los **conceptos** son elementos esenciales de la lógica.

### Metafísicos

Se refieren a objetos metafísicos que establecen la esencia de las cosas; es decir, su naturaleza, su estructura, sus componentes y principios fundamentales de su realidad y son: el alma, el espíritu, la substancia, las verdades últimas, Dios, la vida, etc.

**Dios** es amor.
El **alma** es inmortal.
La **nada** es un vacío existencial.

### De valor

Se refieren al valor de los objetos (hechos, ideas y personas) y son: la belleza, la dignidad, la sinceridad, la responsabilidad, la virtud, el bien, etc. Implica subjetividad.

La **puntualidad** es una virtud.
La **belleza** es captada por el alma.
La **virtud** es lo que diferencia a las personas.

## SEGÚN EL SENTIDO DEL PREDICADO
### Juicios determinativos

Se refiere a la esencia de los objetos. Responde a la pregunta: ¿Qué es esto?

El espíritu es lo que diferencia al hombre, de los demás seres de la naturaleza.

Los dirigentes son luchadores sociales.

La democracia es el gobierno de todos.

### Juicios existenciales

Expresan existencia y responden a la pregunta: ¿Existe esto?

La verdades son relativas.

La felicidad absoluta no existe.

No existe vida en Júpiter.

### Juicios atributivos

Expresan alguna cualidad del objeto. Responde a la pregunta: ¿Cómo es esto?

La miel es dulce.

Las piedras son pesadas.

El celular es un instrumento de comunicación.

## SEGÚN SU COMPARACIÓN

### Juicios de relación cuantitativa

Establecen comparaciones de cantidad indicando superioridad, inferioridad o igualdad.

La población de la ciudad de El Alto es mayor que la población de la ciudad de Viacha (Relación de Superioridad).

Paraguay tiene menor extensión territorial que Bolivia (Relación de Inferioridad).

Carlos Borja tiene la misma cantidad de partidos internacionales que Victor Hugo Antelo. (Relación de Igualdad).

### Juicios de relación cualitativa

Establecen comparaciones de calidad y no de cantidad.

Las manzanas bolivianas son más ricas que las manzanas chilenas (Relación de Superioridad).

La Coca Cola es un veneno en relación con el fresco de tamarindo (Relación de Inferioridad).

La UPEA tiene la misma jerarquía que la UMSA (Relación de Igualdad).

**Juicios de relación espacial**

Establecen relaciones espaciales; es decir, la ubicación de un objeto en el espacio y en relación de distancia con otros objetos.

La Ceja está más cerca del teleférico.

Viacha se encuentra dentro del Departamento de La Paz.

La asamblea legislativa se encuentra en inmediaciones de la Plaza Murillo.

**Juicios de relación temporal**

Establecen relaciones de tiempo.

El Che Guevara es un ejemplo de lucha hoy más que ayer.

El trasladarse por el teleférico es más rápido que trasladarse por cualquier otro medio de transporte.

Las liebres son más veloces que las tortugas.

**Juicios de relación causa - efecto**

Establecen relaciones de causa - efecto.

Los estudiantes de filosofía son críticos, por eso no aceptan verdades absolutas.

La comida chatarra daña la salud.

Los gases tóxicos destruyen la Capa de Ozono.

**Juicios de relación dependiente**

Establecen la dependencia de un objeto con respecto a otro.

Mi viaje al Salar de Uyuni depende de los bloqueos.

Mi titulación depende mi esfuerzo académico.

Puerto Suarez depende de los planes de desarrollo del gobierno.

**SEGÚN SU CANTIDAD**

Son universales y particulares.

## Universales

Se refieren a una totalidad de objetos. Formula: "Todo S es P".

Todos los felinos son carnívoros.

Todos los seres humanos son mortales.

Todos los cogoteros son delincuentes.

## Particulares

Se refieren a una clase de objetos. Fórmula: "Algún S es P".

Algunos padrinos son ingratos con sus ahijados.

Algunos estudiantes son flojos.

Algunas personas son curiosas.

## Singulares

Se refieren a un solo objeto o sujeto, del cual afirma o niega algo. Fórmula: "Un S es P".

La ESFMTHEA es formadora de buenos docentes.

El tenista Hugo Dellien es un orgullo para Bolivia.

Mamani Mamani es un gran artista.

## SEGÚN SU CUALIDAD

Son afirmativos, negativos y limitativos.

## Afirmativos

Son aquellos donde el concepto predicado afirma algo del concepto sujeto. Su Fórmula es: "S es P".

El payaso es un artista.

El celular es un medio de comunicación necesario.

El teleférico de La Paz es un atractivo turístico.

## Negativos

Son aquellos donde el concepto predicado niega algo del concepto sujeto. Su Fórmula es: "S no es P".

La justicia no es ciega.

El ser humano no es perfecto.

El conejo no es carnívoro.

## SEGÚN LA COMBINACIÓN DE LA CANTIDAD Y CUALIDAD.

### Universal afirmativo

Es aquel que resulta de la combinación de un juicio universal y otro afirmativo. Su Fórmula es: "Todo S es P" y su símbolo "A".

Todos los metales son buenos conductores de electricidad.

Todos los abogados son estudiosos del derecho.

Todos los paceños son trabajadores.

### Particular afirmativo

Es aquel que resulta de la combinación de un juicio particular y otro afirmativo. Su Fórmula es: "Algunos S son P" y su símbolo "I"

Algunos médicos son negligentes.

Algunos políticos son mentirosos.

Algunos empresarios son ambiciosos.

### Universal negativo.- Es universal en cantidad y negativo en cualidad. Su Fórmula es: "Ningún S es P" y su símbolo "E"

Ningún juez es perfecto.

Ningún orureño es selvático.

Ningún ser humano es perfecto.

### Particular negativo

Es aquel que resulta de la combinación de un juicio particular y otro negativo. Su Fórmula es: "Algunos S no son P" y su símbolo "O"

Algunos choferes no son trameadores.

Algunos guardias municipales no son abusivos.

Algunos alcaldes del país no son democráticos.

## SEGÚN SU RELACIÓN

### Categóricos

Son aquellos donde el concepto predicado expresa de manera concreta y rotunda, algo del concepto sujeto. Su Fórmula es: "S es P".

Walter Nosiglia es mi campeón en motos.

Éste profesional, es altamente calificado.

El agua es un líquido vital.

### Hipotéticos

Son aquellos en los que la afirmación o negación del juicio dependen de una condición. Tienen cuatro formas:

a) **Modus ponendo ponens Si S es P, Q es R.**

Ejemplo: Si los dirigentes son propositivos, las bases los apoyarán.

b) **Modus ponendo tollens Si S es P, Q no es R.**

Ejemplo: Si pierden oportunidades, no realizarán sus sueños.

c) **Modus tollendo ponens** Si S no es P, Q es R.

Ejemplo: Si no estudio, seré un desempleado.

d) **Modus tollendo tollens** Si S no es P, Q no es R.

Ejemplo: Si no trabajamos, no tendremos dinero.

### Disyuntivos

Son aquellos en los que existen dos o más posibilidades de ser con relación al concepto sujeto, creando incertidumbre.[4] Fórmula: "S es P o Q o R".

El jaguar es carnívoro o herbívoro.

El cubo tiene seis lados, ocho lados o diez lados.

---

4 PESCADOR, Augusto. (1955). Lógica. Bolivia. Pág. 75

Los gobiernos pueden ser democráticos o dictatoriales.

**SEGÚN SU MODALIDAD.**

## Problemáticos

Son aquellos que establecen posibilidades inciertas, crean incertidumbre. Su Fórmula es: "S es posiblemente P"

Ojalá que mañana pueda estudiar.

Posiblemente el año que viene tengamos prosperidad.

Este trabajo probablemente no me convenga.

## Asertóricos

Son juicios que no expresan posibilidad ni necesidad, simplemente afirman o niegan algo. Se refieren a verdades de hecho. Su Fórmula es: "S es efectivamente P".

La noche está iluminada por la luna.

El Illimani es un orgullo paceño.

El Parque Nacional Machía es paradisíaco.

## Apodícticos

Son aquellos que expresan verdades universales, verdades irrefutables. Su Fórmula es: "S es necesariamente P".

La verdadera libertad tiene que ser vivida con responsabilidad.

Los hijos son la razón de ser de los padres.

El todo es mayor que las partes.

**PARA QUE ENTIENDAS MEJOR...**

**I.  Subraya la opción correcta:**

El juicio es ...

    a)  Afirmar algo.

    b)  Negar algo.

    c)  Afirmar o negar algo de algo.

    d)  Ninguna de las anteriores.

Los elementos esenciales del juicio son:

    a)  Sujeto y predicado.

    b)  Concepto predicado y concepto cópula.

    c)  Concepto sujeto, concepto predicado y concepto cópula.

    e)  Ninguna de las anteriores.

La fórmula del juicio es:

    a)  S es P

    b)  S no es P

    c)  S y P

    d)  a) y b)

La fórmula "Si S es P, Q es R", le corresponde a:

    a)  Modus ponendo ponens.

    b)  Modus ponendo tollens.

    c)  Modus tollendo ponens

    d)  Modus tollendo tollens

**II.  Realizar en grupos de trabajo, conversaciones donde se pueda reconocer e identificar las diversas clases de juicios que hay.**

# CAPÍTULO V

## PRINCIPIOS LÓGICOS

La estructura y expresión de los pensamientos está regida por leyes y principios. En éste capítulo veremos estos principios denominados lógicos.

## ETIMOLOGÍA.

La palabra principio deriva del latín **"principium"** que significa: origen, comienzo, principio, **normas.** Si tomamos en cuenta este último significado, la palabra principio según su etimología hace alusión a las leyes fundamentales que rigen los pensamientos.

## CONCEPTO

Los **principios lógicos o supremos** son las leyes más básicas y generales, que rigen la estructura y expresión de los pensamientos.

En lógica se habla de dos tipos de principios: los principios lógicos y los principios ontológicos.

Los **principios lógicos** se refieren a los pensamientos y los **principios ontológicos** se refieren a las cosas u objetos.

## PRINCIPIOS LÓGICOS SUPREMOS

Estos principios son

El principio de identidad.

El principio de no contradicción.

El principio del tercero excluido.

El principio de razón suficiente.

## PRINCIPIO DE IDENTIDAD

Este principio fue descubierto por Parménides. Su fórmula es: "A es A"

**Principio ontológico.**

"Un objeto es idéntico a sí mismo".

**Principio lógico.**

"Para que un juicio sea verdadero el concepto predicado debe ser total o parcialmente idéntico al concepto sujeto".

**Ejemplo 1**          **El árbol es un ser vivo.**

**A      es      A**

En este caso el concepto predicado **(un ser vivo)** le corresponde y es idéntico **totalmente** al concepto sujeto **(el árbol).** La característica de **ser vivo** le corresponde totalmente al **árbol,** por lo cual se cumple el principio de identidad.

A = el árbol.

es = concepto cópula (nexo lógico)

A = un ser vivo.

**Ejemplo 2**          **El murciélago es un mamífero.**

**A      es      A**

En este ejemplo, el concepto predicado (un mamífero) le corresponde y es idéntico parcialmente al concepto sujeto (el murciélago), porque no expresa su verdadera esencia. La característica de mamífero le corresponde al murciélago, por lo cual se cumple el principio de identidad.

A = el murciélago.

es = concepto cópula.

A = un mamífero.

## PRINCIPIO DE NO CONTRADICCIÓN

Este principio fue descubierto por Aristóteles. Su fórmula: "A es A y no es A"

**Principio ontológico.**

"Un objeto no puede tener dos cualidades a la vez y en las mismas circunstancias".

**Principio lógico.**

"De dos juicios contradictorios de los cuales uno afirma y el otro niega, la misma cosa del mismo concepto sujeto y en las mismas circunstancias, ambos juicios no pueden ser verdaderos, necesariamente uno tendrá que ser verdadero y el otro falso".

**Ejemplo 1: Jaime Escalante es profesor de matemática y Jaime Escalante no es profesor de matemática**

**A      es      A      y      no      es      A**

En este ejemplo un concepto predicado afirma **(es profesor de matemática)** y el otro niega **(no es profesor de matemática),** la misma cosa del mismo concepto sujeto y en las mismas circunstancias, ambos juicios no pueden ser verdaderos, necesariamente uno tiene que ser verdadero y el otro falso. Para los que conocemos a Jaime Escalante, podemos señalar que efectivamente él es profesor de lógica, por lo tanto: **"Jaime Escalante es profesor de matemática"** es el juicio verdadero, y el otro **juicio es el falso.**

A es A = Jaime Escalante es profesor de matemática.

y = Nexo lógico.

A = No es profesor de matemática.

**Ejemplo 2: El río Beni es caudaloso y el río Beni no es caudaloso**

**A      es      A      y      no es      A**

Para los que conocemos el río Beni, sabemos por nuestra experiencia que es caudaloso, por lo tanto: **"El río Beni es caudaloso"** es el juicio verdadero y el otro juicio es el falso.

A es A= El río Beni es caudaloso.

y = Nexo lógico.

no es A = No es caudaloso.

## PRINCIPIO DEL TERCERO EXCLUIDO

Este principio fue descubierto por Aristóteles. Su fórmula:

"A es A o no es A"

**Principio ontológico.**

"Un objeto es o no es"

**Principio lógico.**

"De dos juicios contradictorios de los cuales uno afirma y el otro niega, la misma cosa del mismo concepto sujeto y en las mismas circunstancias, ambos juicios no pueden ser verdaderos, necesariamente uno tendrá que ser verdadero y el otro falso. Para saber cuál es el juicio verdadero y cual el falso, se debe plantear un tercer juicio hipotético, que determinará la verdad o falsedad de los juicios en cuestión".

**Ejemplo 1: J1 Los chaqueflos son bolivianos o J2 los chaqueños no son bolivianos.**

**A        es        A        o        no es        A**

Para conocer la verdad o falsedad de estos dos juicios contradictorios, formulamos un **tercer juicio hipotético** (hipótesis = una conclusión anticipada), que es: **JH3"Los chaqueños viven en Tarija"**. Como Tarija es un departamento de Bolivia, entonces llegamos a la conclusión de que **"Los chaqueños son bolivianos"** es el juicio verdadero y el otro es el falso.

A es A = Los chaqueños son bolivianos

o = Nexo lógico

no es A = No son bolivianos

JH3= Los chaqueños viven en Tarija

**Ejemplo 2: J1 Carlos Mesa Gisbert es patriota o J2 Carlos Mesa Gisbert no es patriota.**

**A        es        A        o        no es        A**

**JH3 Carlos Mesa Gisbert es el vocero de la Demanda Marítima Boliviana.**

A es A= Carlos Mesa Gisbert es patriota

o = Nexo lógico

no es A = No es patriota

JH3 = Carlos Mesa Gisbert es vocero de la Demanda Marítima Boliviana.

En este caso **"Carlos Mesa Gisbert es patriota"** es el juicio verdadero y el otro es el falso.

## EL PRINCIPIO DE RAZÓN SUFICIENTE

Esté principio fue descubierto por el filósofo alemán Leibniz. Su fórmula: "Todo tiene su razón de ser".[5]

### Principio ontológico.

"Todas las cosas existentes en el universo tienen sus razones fundamentales de existencia, existen por algo".

### Principio lógico.

"Todo juicio para ser verdadero necesita de una razón suficiente que lo explique". Se debe entender por razón suficiente, el hecho de ser probado, demostrado cuantas veces sea necesario.

"Nuestros nevados se están descongelando".

"Existe deforestación de nuestros bosques".

"Hay una crisis de valores en la sociedad boliviana".

"El triángulo tiene tres lados".

"El agua es un buen conductor de electricidad"

Estos juicios son verdaderos, porque pueden ser demostrados tanto de manera empírica, como científica; es decir, que tienen una razón suficiente que los explica.

---

5 CAÑEDO, Juvenal. (1985). Lógica formal y simbólica. Bolivia. Pág. 47

## PARA QUE ENTIENDAS MEJOR...

**Marca con una línea la opción correcta:**

Principio de identidad.               A es A o no es A

Principio de no contradicción.        Todo tiene su razón de ser

Principio del tercero excluido.       A es A

Principio de razón suficiente.        A es A y no es A

# CAPÍTULO VI

## TEORÍA DEL RAZONAMIENTO

### CONCEPTO

El razonamiento es una operación lógica que consiste en obtener una conclusión a partir de uno, dos, o más juicios dados con anterioridad; es decir, consiste en obtener una verdad a partir de la verdad de proposiciones conocidas.

El juicio o los juicios dados con anterioridad reciben el nombre de antecedente; el juicio obtenido, el nombre de consecuente o conclusión. Esta conclusión debe estar precedida por el prefijo "luego".

Ejemplo:

J1 Todos los deportistas son ágiles. → Antecedente

J2 El "Volcán" Soliz es deportista. → Antecedente

C Luego, el "Volcán" Soliz es ágil. → Conclusión

J1 Todas las dirigentes son valientes. → Antecedente

J2 Domitila Chungara es dirigente. → Antecedente

C Luego, Domitila Chungara es valiente. → Conclusión

**El antecedente** son los juicios dados con anterioridad y el **consecuente** es el juicio nuevo que se obtiene **(Conclusión).**

### CLASES DE RAZONAMIENTO

Existen dos clases de razonamiento: los razonamientos simples y los razonamientos complejos.

### RAZONAMIENTOS SIMPLES

Son aquellos razonamientos de los cuales se obtiene una conclusión a partir de un solo juicio dado con anterioridad. Se llaman también de **inferencia inmediata.**

J1 Todos los empresarios son adinerados. → Antecedente

C Luego, ningún empresario es pobre. → Conclusión

J1 Algunos futbolistas son excelentes deportistas.

⟶ Antecedente

C Luego, algunos excelentes deportistas son futbolistas.

⟶ Conclusión

Como se puede apreciar, se puede obtener una **conclusión** a partir de **un solo juicio dado con anterioridad.** En este caso estaríamos hablando de un **razonamiento simple.**

## RAZONAMIENTOS COMPLEJOS

Son aquellos razonamientos de los cuales se obtiene una conclusión a partir de dos o más juicios dados con anterioridad. Se llaman también de inferencia mediata.[6]

J1 Todos los hombres visionarios son incomprendidos.
⟶ Antecedente
J2 Evo es un hombre visionario. ⟶
Antecedente

C Luego, Evo es incomprendido. ⟶
Conclusión

J1 Daniel es mayor que Lucio. ⟶ Antecedente

J2 Lucio es mayor que Alvaro. ⟶ Antecedente

J3 Alvaro es mayor que Vladimir. ⟶ Antecedente

C Luego, Daniel es mayor que Vladimir. ⟶ Conclusión

Como se puede apreciar, se puede obtener una **conclusión** a partir de **dos o más juicios dados con anterioridad.** En este caso estaríamos hablando de un **razonamiento complejo.**

---

6 PESCADOR, Augusto. (1955). Lógica. Bolivia. Pág. 103

# PARA QUE ENTIENDAS MEJOR...

**Debes obtener las conclusiones a partir de los siguientes juicios dados con anterioridad.**

J1 Todos los árboles son seres vivos.

J2 El pino es un árbol.

C Luego.......................................................


J1 Todos los músicos son sociables.

J2 David Castro es músico.

C Luego.......................................................


J1 Todos los bolivianos son trabadores.

C Luego.......................................................


J1 Las tunas son más ricas que las peras.

J2 Las peras son más ricas que las uvas.

J3 Las uvas son más ricas que las manzanas.

C Luego.......................................................

# CAPÍTULO VII

## SILOGISMOS

### CONCEPTO

El silogismo es un razonamiento compuesto de tres juicios, dos premisas y una conclusión.

La primera premisa se llama **premisa mayor** y la segunda, **premisa menor.** La conclusión resulta de la relación de estas dos premisas. Para que exista silogismos las premisas y la conclusión deben ser diferentes, porque solamente así, podremos obtener conocimientos nuevos (conclusión).

Las dos premisas deben tener **un concepto común,** que dará como resultado una conclusión con los **dos conceptos restantes.** Por lo tanto los silogismos se componen necesariamente de **tres conceptos,** que se llaman **términos.** Estos términos deben estar en el silogismo necesariamente dos veces.

Ejemplo:

J1 o P1 Todo maestro (Cl) es noble (C2)

J2 o P2 Julio Velásquez (C3) es maestro (Cl)

C Luego, Julio Velásquez (C3) es Noble (2)

El **concepto maestro** es el concepto **de enlace** entre la premisa 1 y la premisa 2. A este concepto se le conoce con el nombre de **término medio** y se lo representa con la **letra M.**

El **concepto Julio Velásquez** está en la **premisa menor** y en la **conclusión** en calidad de sujeto. A este concepto se lo conoce con el nombre de **término menor** y se lo representa con la **letra S.**

El **concepto noble** está en la primera premisa (premisa mayor) y es predicado en la conclusión. A este concepto se lo conoce con el nombre de **término mayor** y se lo representa con la **letra P.**

En otras palabras, el **término medio** se encuentra en la

premisa **1** y 2; el **término menor** se encuentra en la premisa menor **(P2)** y la conclusión; y el **término mayor** se encuentra en la premisa mayor (Pl) y la conclusión.

**Premisa mayor** Todo maestro (M) es noble (P)

**Premisa menor** Julio Velásquez (S) es maestro (M)

**Conclusión** Luego, Julio Velásquez (S) es Noble (P)

## FIGURAS

Según la posición del término medio en las premisas, puede haber cuatro figuras del silogismo, que son:

1.   MP +SM =SP

2.   PM + SM = SP

3.   MP +MS =SP

4.   PM + MS = SP

En la primera figura, el término medio es sujeto en la premisa mayor y predicado en la menor. En la segunda figura, el término medio es predicado en ambas premisas. En la tercera figura, el término medio es sujeto en las dos premisas. En la cuarta figura, el término medio es predicado en la premisa mayor y sujeto en la menor.

## REGLAS DEL SILOGISMO

Los silogismos tienen las siguientes reglas:

1ro. Los términos del silogismo sólo serán tres: mayor, medio y menor.

2do. En la conclusión no puede haber ningún término con mayor extensión, que en las premisas.

3ro. El término medio ha de ser tomado por lo menos una vez en toda su extensión.

4to. El término medio no debe entrar en la conclusión.

5to. De dos premisas afirmativas no puede deducirse una conclusión negativa.

6to. De dos premisas negativas, no se obtiene ninguna conclusión.

7mo. La conclusión será particular si una de las premisas es particular; será negativa si una de las premisas es negativa; y si las premisas son una particular y la otra negativa, la conclusión será particular negativa.

8vo. De dos premisas particulares, no se obtiene ninguna conclusión.

9na. De una premisa mayor particular y de una menor negativa no se deduce ninguna conclusión.

## MODOS DEL SILOGISMO

Para cada una de las figuras son posibles 16 modos (combinaciones), teniendo en cuenta que cada una de las premisas, pueden variar en cantidad y cualidad; y estas son:

| a | a | a | a |
|---|---|---|---|
| a | e | i | o |

| i | i | i | i |
|---|---|---|---|
| a | e | i | o |

| e | e | e | e |
|---|---|---|---|
| a | e | i | o |

| o | o | o | o |
|---|---|---|---|
| a | e | i | o |

Las letras colocadas en la primera línea representan la premisa mayor y las colocadas en la segunda la premisa menor.

La **a** representa a un juicio universal afirmativo; la **e** un juicio universal negativo; la i un juicio particular afirmativo; y la **o** un juicio particular negativo.

De este modo, siendo cuatro las figuras del silogismo y 16 los modos posibles, para cada uno de ellos, el número total de modos posibles sería 64.

Pero no en todos estos modos la conclusión resulta verdadera, pues de acuerdo a la 6ta. Regla del silogismo: "De dos premisas negativas no se obtiene nada", hay que eliminar, para cada una de las figuras los siguientes modos:

| e | e | o | o |
|---|---|---|---|
| e | o | e | o |

Por lo tanto tenemos que reducir de los 64 modos posibles 16, o sea, 4 por cada figura, quedando sólo 48. Además de acuerdo a la 8va. regla que dice: "De dos premisas particulares no se obtiene ninguna conclusión", hay que eliminar los siguientes modos para cada figura:

| i | i | o |
|---|---|---|
| i | o | i |

Es decir, con arreglo a esta regla tenemos que eliminar entre las cuatro figuras otros 12 modos, quedándonos 36.

En virtud a la novena regla, que dice: "De una premisa mayor particular y una menor negativa no se deduce nada", por lo tanto habría que suprimir el modo:

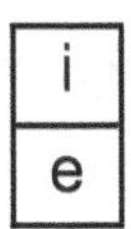

| i |
|---|
| e |

Con arreglo a esta regla, se debe restar otros 4 modos, quedándonos sólo 32 modos posibles, que serían los 8 siguientes para cada una de las cuatro figuras:

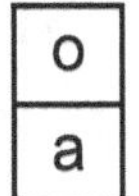

| a | a | a | a |
|---|---|---|---|
| e | e | i | o |

| e | e |
|---|---|
| a | i |

| i |
|---|
| a |

| o |
|---|
| a |

Pero estos modos que nos quedan no son verdaderos en todas y cada una de las figuras, pues cada figura posee reglas especiales, que dan validez a los silogismos. Los silogismos sólo son válidos, si de ellos se obtiene una conclusión.

# REGLAS Y FÓRMULAS DE LAS FIGURAS DEL SILOGISMO

## PRIMERA FIGURA.

El término medio es sujeto en la premisa mayor y predicado en la menor. Su regla es: **"La premisa mayor debe ser universal; la menor afirmativa"**, y su fórmula: **MP** + **SM = SP**

| a | e | a | e |
|---|---|---|---|
| a | a | i | i |

**Barbara, Celarent, Darii, Ferio.**

**Silogismo Barbara, cuya fórmula es: MaP + SaM = SaP**

PREMISA 1 Todos los potosinos (M) son bolivianos (P). **a**

PREMISA 2 Todos los tupiceños (S) son potosinos (M). **a**

CONCLUSIÓN Luego, todos los tupiceflos (S) son bolivianos (P). **a**

**Silogismo Celarent, cuya fórmula es: MeP + SaM = SeP**

PREMISA 1 Ningún paceño (M) es chuquisaqueño (P). **e**

PREMISA 2 Todos los yungueños (S) son paceños (M). **a**

CONCLUSIÓN Luego, ningún yungueño (S) es chuquisaqueño (P). **e**

**Silogismo Darii, cuya fórmula es: MaP + SiM = SiP**

PREMISA 1 Todos los tarijeños (M) son alegres (P). **a**

PREMISA 2 Enriqueta Ulloa (S) es tarijeña (M). **i**

CONCLUSIÓN Luego, Enriqueta Ulloa (S) es alegre (P). **i**

**Silogismo Ferio, cuya fórmula es: MeP + SiM = SoP**

PREMISA 1 Ningún beniano (M) es cruceño (P). **e**

PREMISA 2 Algunos bolivianos (S) son benianos (M). **i**

CONCLUSIÓN Luego, algunos bolivianos (S) no son

cruceños (P). **o**

## SEGUNDA FIGURA.

**El término medio es predicado en ambas premisas. Su regla es: "Una de las premisas tiene que ser negativa; la mayor ha de ser universal", y su fórmula: PM + SM = SP**

| a | e | a | e |
|---|---|---|---|
| a | e | i | o |

**Cesare, Camestres, Festino, Baroco**

**Silogismo Cesare, cuya fórmula es: PeM + SaM = SeP**

PREMISA 1 Ningún peruano (P) es boliviano (M). **e**

PREMISA 2 Todos los pandinos (S) son bolivianos (M).
**a**

CONCLUSION Luego, ningún pandino (S) es peruano (P). **e**

**Silogismo Camestres, cuya fórmula es: PaM + SeM = SeP**

PREMISA 1 Todos los bolivianos (P) son americanos (M).
**a**

PREMISA 2 Ningún alemán (S) es americano (M). **e**

CONCLUSION Luego, ningún alemán (S) es boliviano (P).
**e**

**Silogismo Festino, cuya fórmula es: PeM + SiM = SoP**

PREMISA 1 Ningún colombiano (P) es boliviano (M).
**e**

PREMISA 2 Algunos americanos (S)  son bolivianos (M).
**i**

CONCLUSIÓN Luego, algunos americanos (S) no son colombianos (P). **o**

**Silogismo Baroco, cuya fórmula es: PaM + SoM = SoP**

PREMISA 1 Todos los orureños (P) son bolivianos (M). **a**

PREMISA 2 Algunos americanos (S) no son bolivianos (M).

o

CONCLUSIÓN Luego, algunos americanos (S) no son orureños (P). **o**

## TERCERA FIGURA.

**El término medio es sujeto en ambas premisas. Su regla es: "La premisa menor debe ser afirmativa; la conclusión particular", y su fórmula: MP + MS = SP**

| a | e | i | a | o | e |
|---|---|---|---|---|---|
| a | a | a | i | a | i |

**Darapti, Felapton, Disamis, Datisi, Bocardo, Ferison**

**Silogismo Darapti, cuya fórmula es: MaP + MaS = SiP**

PREMISA 1 Todos los bolivianos (M) son americanos (P). **a**

PREMISA 2 Todos los bolivianos (M) son patriotas (S). **a**

CONCLUSIÓN Luego, algunos patriotas (S) son americanos (P). **i**

**Silogismo Felapton, cuya fórmula es: MeP + MaS = SoP**

PREMISA 1 Ningún minero aurífero (M) es pobre (P). **e**

PREMISA 2 Todos los mineros auríferos (M) son revolucionarios (S). **a**

CONCLUSIÓN Luego, algunos revolucionarios (S) no son pobres (P). **o**

**Silogismo Disamis, cuya fórmula es: MiP + MaS = SiP**

PREMISA 1 Algunos políticos (M) son mentirosos (P). **i**

PREMISA 2 Todos los políticos (M) son ricos (S). **a**

CONCLUSIÓN Luego, algunos ricos (S) son mentirosos (P). **i**

**Silogismo Datisi, cuya fórmula es: MaP + MiS = SiP**

PREMISA 1 Todos los riberaltefios (M) son benianos (P). **a**

PREMISA 2 Algunos riberalteños (M) son ganaderos (S). **i**

CONCLUSIÓN Luego, algunos ganaderos (S) son benianos (P). **i**

**Silogismo Bocardo, cuya fórmula es: MoP + MaS = SoP**

PREMISA 1 Algunos cochabambinos (M) no son tarateños (P). **o**

PREMISA 2 Todos los cochabambinos (M) son bolivianos (S). **a**

CONCLUSIÓN Luego, algunos bolivianos (S) no son tarateños (P). o

**Silogismo Ferison, cuya fórmula es: MeP + MiS = SoP**

PREMISA 1 Ningún movimiento social (M) es apolítico (P). e

PREMISA 2 Algunos movimientos sociales (M) son revolucionarios (S). i

CONCLUSIÓN Luego, algunos revolucionarios (S) no son apolíticos (P). **o**

**CUARTA FIGURA.**

**El término medio es predicado en la premisa mayor y sujeto en la menor. Su regla es: "Si la premisa mayor es afirmativa, la menor ha de ser universal. En los modos negativos la premisa mayor debe ser universal. Cuando la**

**menor es afirmativa la conclusión es particular afirmativa", y su fórmula: PM +MS = SP**

| a | a | i | e | e |
|---|---|---|---|---|
| a | e | a | a | i |

**Bamalip, Calemes, Dimatis, Fesapo, fresison.**

**Silogismo Bamalip, cuya fórmula es: PaM + MaS = SiP**

PREMISA 1 Todos los girasoles (P) son vegetales (M). **a**

PREMISA 2 Todos los vegetales (M) son seres vivos (S). **a**

CONCLUSIÓN Luego, algunos seres vivos (S) son girasoles (P). **i**

**Silogismo Calemes, cuya fórmula es: PaM + MeS = SeP**

PREMISA 1 Todos los artistas (P) son talentosos (M). **a**

PREMISA 2 Ningún talentoso (M) es desconocido (S). **e**

CONCLUSIÓN Luego, ningún desconocido (S) es artista (P). **e**

**Silogismo Dimatis, cuya fórmula es: PiM + MaS = SiP**

PREMISA 1 Algunos bolivianos (P) son pandinos (M). **i**

PREMISA 2 Todos los pandinos (M) son patriotas (S). **a**

CONCLUSIÓN Luego, algunos patriotas (S) son bolivianos (P). **i**

**Silogismo Fesapo, cuya fórmula es: PeM + MaS = SoP**

PREMISA 1 Ningún doctor (P) es analfabeto (M). **e**

PREMISA 2 Todos los analfabetos (M) son pobres (S). **a**

CONCLUSIÓN Luego, algunos pobres (S) no son doctores (P). **o**

**Silogismo Fresison, cuya fórmula es: PeM + MiS = SoP**

PREMISA 1 Ningún gato (P) es ovíparo (M). **e**

PREMISA 2 Algunos ovíparos (M) son emplumados (S). **i**

CONCLUSIÓN Luego, algunos emplumados (S) no son gatos (P). **o**

Los modos concluyentes (de los que se puede obtener una conclusión) son por tanto **19, porque se adecúan a las reglas especiales de las 4 figuras.**[7]

## PRUEBA DE LOS SILOGISMOS POR MEDIO DE LOS DIAGRAMAS DE VENN

Un silogismo es válido, cuando las premisas que se conocen con anterioridad arrojan una conclusión.

Con los **Diagramas de Venn** podemos determinar la validez o invalidez de un silogismo, representando a través de diagramas los términos M (Medio), S (Menor) y P (Mayor).

La relación entre los términos será representada por la intersección de los diagramas, la cual será coloreada. Esta relación entre términos, que están incluidos en la premisa mayor como la menor, determinaran la conclusión del silogismo, donde intervendrán necesariamente los términos S (termino menor) y P (termino mayor).

Sólo en el caso de que el juicio sea universal afirmativo, se colorea el diagrama, respetando la intersección y el diagrama del otro término. En el caso del universal negativo se colorea la intersección; en el particular afirmativos se coloca una X en la intersección y en el particular negativo se coloca una X en el diagrama que representa al termino de origen.

---

[7] PESCADOR, Augusto. (1955). Lógica. Bolivia. Pág. 120

# PRIMERA FIGURA

## BOCARDO

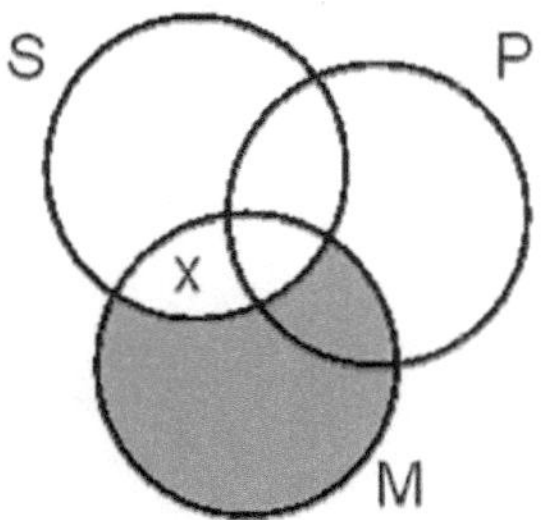

Algún M no es P
Todo M es S
Luego, algún S no es P

## FERISON

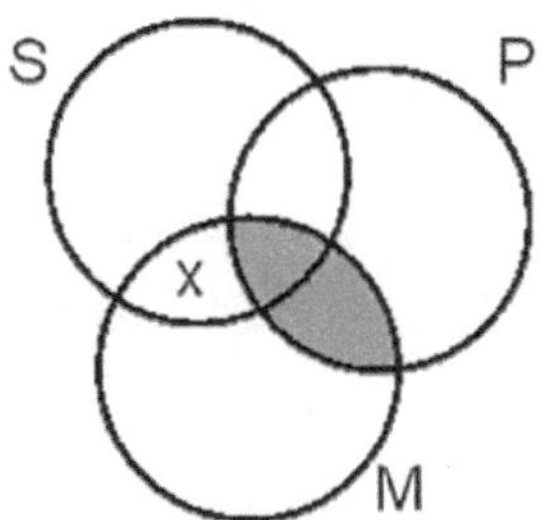

Ningún M es P
Algún M es S
Luego, algún S no es P

# CUARTA FIGURA

## BAMALIP

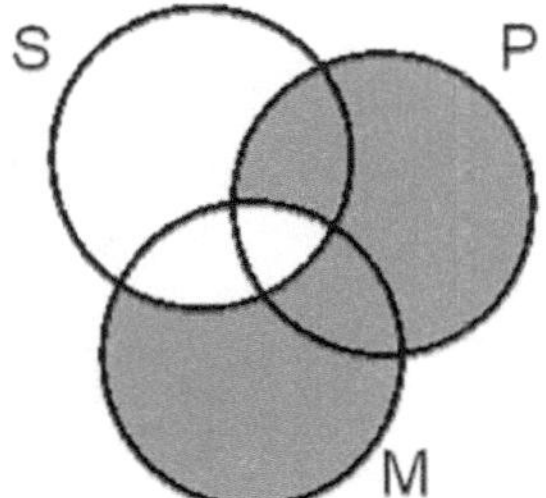

Todo P es M
Todo M es S
Luego, algún S es P

## CALEMES

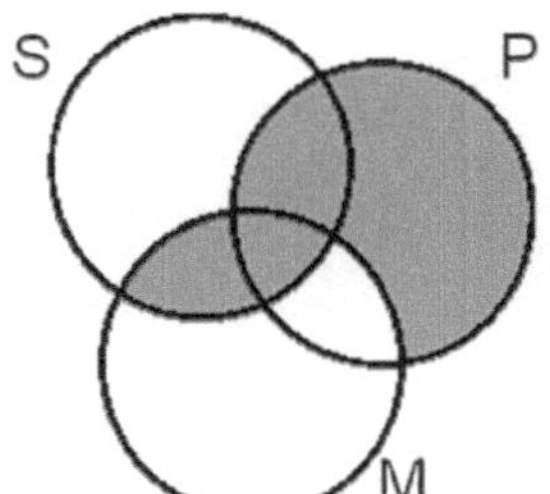

Todo P es M
Ningún M es S
Luego, ningún S es P

## DIMATIS

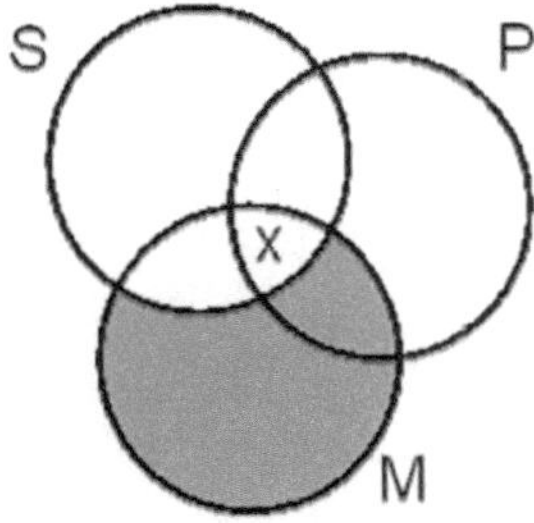

Algún P es M
Todo M es S
Luego, algún S es P

## FESAPO

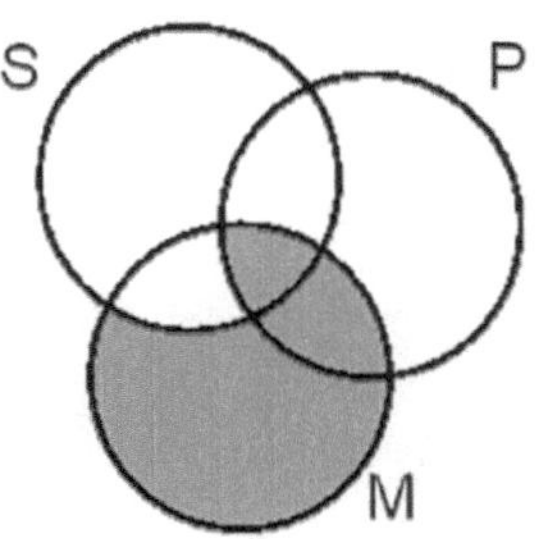

Ningún P es M
Todo M es S
Luego, algún S no es P

# FRESISON

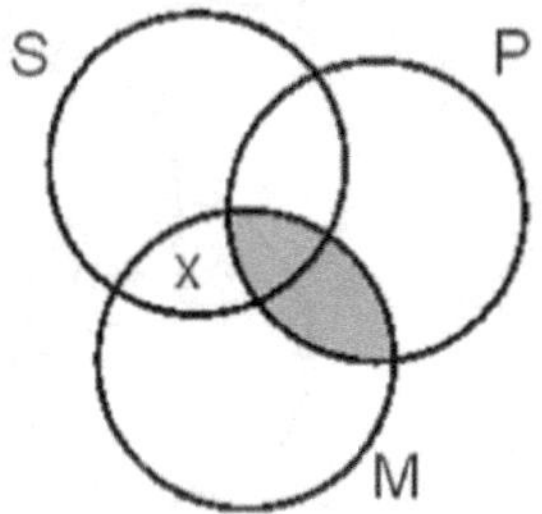


Ningún P es M
Algún M es S
Luego, algún S no es P

## PARA QUE ENTIENDAS MEJOR...

**I.      Responde a las siguientes preguntas.**

**¿Cuáles son las 4 figuras del silogismo?**

**R.**.................................................................................................

.................................................................................................

.................................................................................................

**¿Cuáles son los juicios que intervienen en un silogismo?**

**R.**.................................................................................................

.................................................................................................

.................................................................................................

**¿De un ejemplo de un silogismo Dimatis?**

**R.**.................................................................................................

.................................................................................................

.................................................................................................

**II.   Realiza la prueba del silogismo Calemes utilizando los Diagramas de Venn.**

**III.   Realiza a nivel de grupos de trabajo un análisis de las reglas especiales de las cuatro figuras del silogismo.**

# LÓGICA SIMBÓLICA

# CAPÍTULO I
## INTRODUCCIÓN A LA LÓGICA SIMBÓLICA

**CONCEPTO.**

La **lógica simbólica o matemática** es una ciencia formal, que estudia la validez de las inferencias lógicas, empleando para ello, reglas matemáticas, cálculo lógico y un lenguaje simbolizado.

Se debe entender por **inferencia lógica,** el obtener una conclusión a partir de uno, dos o más juicios (proposiciones) dados con anterioridad.

**Se debe entender por validez de las inferencias lógicas,** a que las conclusiones obtenidas necesariamente deberán estar sujetas a reglas de la matemática y al cálculo lógico, para ser considerados como válidos.

La lógica simbólica emplea un **lenguaje especial en base a símbolos** (lenguaje simbolizado), que le da mayor precisión en las inferencias lógicas.

**HISTORIA**

**En la Edad Antigua y Edad Media se desarrolló la lógica formal y la lógica dialéctica; pero en la Edad Moderna,**
Leibniz creó un **lenguaje especial,** en base a símbolos, basado en la precisión matemática, que haría posible el cálculo lógico mediante algoritmos para descubrir la verdad. Es por esta razón que se considera a Leibniz como el **fundador** y **padre de la lógica simbólica o matemática.**

Posteriormente Kant hace un uso nuevo de la palabra "lógica" como **lógica trascendental,** en el sentido de investigar los **conceptos puros** del entendimiento o **categorías trascendentales.**

La lógica del **pensamiento trascendental** de Kant acaba situándose en un proceso **dialéctico,** como **idealismo subjetivo** en Fichte; **idealismo objetivo** en Schelling y finalmente un **idealismo absoluto** en Hegel.

En la segunda mitad del siglo XIX, la lógica fue revolucionada profundamente, porque en 1847 George Boole publicó el tratado titulado: **"El análisis matemático de la lógica"** y en 1854 **"Las leyes del pensamiento"**. La idea de Boole fue construir una **lógica matemática** en base al cálculo en el que los valores de verdad, se representen mediante el **0 la falsedad** y con el **1 la verdad.**

Al mismo tiempo, Augustus De Morgan publica en 1847 su obra: **"Lógica formal"**, donde introduce las leyes de De Morgan e intenta generalizar la noción de silogismo. Otro importante contribuyente fue el inglés Jhon Venn que en 1881 publicó el libro: **"Lógica Simbólica"**, donde introdujo los famosos **"Diagramas de Venn"**.

Sin embargo, la verdadera revolución de la lógica vino de la mano de Gottlob Frege, quien en 1879 publicó: **"La Conceptografía"**. En esta su obra, Frege ofrece por primera vez un sistema completo de la lógica de predicados.

En el siglo XX la lógica ha pasado a ser principalmente una lógica simbólica, un cálculo definido por símbolos y reglas de inferencia, lo que ha permitido su aplicación en la informática y ser estudiado, a niveles mucho más abstractos.

En 1910, Bertrand Russell y Alfred North Whitehead publican: **"Principia mathematica"**, un trabajo monumental en el que logran que la matemática a partir de la lógica, ayude a evitar que se caiga en las paradojas.

## LA LÓGICA SIMBÓLICA Y LOS SISTEMAS LÓGICOS

La lógica simbólica o matemática se interesa por tres tipos de aspectos de los sistemas lógicos: la sintaxis, la semántica y lo metalógico.

La **sintaxis** de los lenguajes formales, es decir, las reglas de formación de símbolos interpretables, construidos a partir de un determinado alfabeto, y las reglas de inferencia.

La **semántica** de los lenguajes formales, es decir, los significados atribuibles a un conjunto de signos, así como el valor de verdad o falsedad atribuible a algunas de las proposiciones.

Lo **metalógico** de las lenguas formales, a través de sus fórmulas y las reglas de su empleo.

## TIPOS DE SISTEMAS LÓGICOS

La lógica simbólica se divide en sistemas lógicos como ser: Lógica proposicional, lógica de predicados, lógica de clases, lógica de relaciones y lógica cuántica.

## LÓGICA PROPOSICIONAL

La lógica proposicional o lógica de orden cero, es aquella que admite una valoración de la **proposición coligativa** como cierta o falsa, dependiendo del **valor de verdad o falsedad** de las proposiciones simples que la componen.

## LÓGICA DE PREDICADOS

La lógica de predicados, es un lenguaje formal en el que las conclusiones son producidas por **reglas** enunciadas con anterioridad. Estas reglas son de primer y segundo orden.

## LÓGICA DE CLASES

La lógica de clases estudia las **clases,** sus relaciones y sus operaciones; se denomina también: **"Teoría de conjuntos".** Se debe entender por **clase** al conjunto de objetos que tiene una propiedad común.

## LÓGICA DE RELACIONES

La lógica de relaciones, estudia las relaciones que existen entre las proposiciones. Cada relación vincula a dos o más clases de objetos. Estas relaciones están reguladas por una serie de leyes que permiten la obtención de inferencias lógicas ciertas.

## LÓGICA CUANTIFICACIONAL

La lógica cuantificacional estudia la composición íntima de las proposiciones, utiliza nuevos símbolos, leyes y métodos para establecer la validez de los razonamientos.

**PARA QUE ENTIENDAS MEJOR...**
**Responde las siguientes preguntas:**

¿Con que otro nombre se conoce a la lógica simbólica?

R..................................................................................

..................................................................................

¿Quién es considerado como el padre y fundador de la lógica simbólica?

R..................................................................................

..................................................................................

¿Qué es lo que se obtiene en una inferencia lógica? R .

R..................................................................................

..................................................................................

¿Quién introdujo en la lógica simbólica los diagramas de Ven?

R..................................................................................

..................................................................................

¿Que estudia la lógica de relaciones?

R..................................................................................

..................................................................................

# CAPÍTULO II

## PROPOSICIONES COLIGATIVAS

**PROPOSICIONES**

Expresan pensamientos enunciativos que afirman o niegan, algo de algo.

Los benianos son nobles.

El soldado boliviano es valiente.

El satélite Tupac Katari es un orgullo de los bolivianos.

Son **proposiciones,** porque expresan pensamientos verdaderos de algo.

El Illimani es un valle.

Bolivia es un país que está en África.

Los tigres son insectívoros.

Son **proposiciones,** porque expresan pensamientos falsos de algo.

En cambio en una pregunta, orden o la expresión de un deseo **no hay afirmación ni negación,** por lo mismo no puede haber **verdad o falsedad,** por lo mismo no son proposiciones.

## CARACTERÍSTICAS ESENCIALES DE LAS PROPOSICIONES

Las proposiciones tienen las siguientes características esenciales: pueden ser verdaderas o falsas y se relacionan entre sí, para luego poder obtener una **conclusión** (inferencia).

Todos los mamíferos toman leche.

Luego podemos obtener la siguiente conclusión:

**Algunos gatos toman leche.**

Femando es mayor que Percy.

Percy es mayor que Martín.

Luego podemos obtener la siguiente conclusión:
**Fernando es mayor que Martín.**

## CLASES DE PROPOSICIONES

Las proposiciones se clasifican en dos grandes grupos: simples y compuestas:

## PROPOSICIONES SIMPLES O ATÓMICAS

Son las que no llevan ningún conectivo lógico.

Juan Carlos "El chavo" Salvatierra es un héroe nacional.

Jaime no es cocalero

## PROPOSICIONES COMPUESTAS O MOLECULARES

Son las que llevan algún conectivo lógico.

Iván Mompo es Abogado y Miriam Paredes es dentista.

Los monos viven en los árboles y los zorros en cuevas.

Las proposiciones compuestas se llaman también coligativas o moleculares, porque sus proposiciones simples están unidas por un conectivo lógico.

## CLASES DE PROPOSICIONES COLIGATIVAS

Son: Conjuntivas, disyuntivas, condicionales y bicondicionales.

## PROPOSICIONES CONJUNTIVAS

Son aquellas proposiciones compuestas, cuyas proposiciones simples se hallan unidas por un conectivo lógico "**Y**".

El Illimani está en La Paz y el Río Guadalquivir en Tarija.
El majao es de Santa Cruz y el mondongo de Chuquisaca.

## PROPOSICIONES DISYUNTIVAS

Son aquellas proposiciones compuestas, cuyas proposiciones simples se hallan unidas por un conectivo lógico "**O**".

Miki es músico o Miki no es músico.

El Dakar se corre por Bolivia o el Dakar no se corre por Bolivia.

Existen dos clases de proposiciones disyuntivas, que son: **las disyuntivas exclusivas y las disyuntivas inclusivas.**

En las **proposiciones disyuntivas exclusivas,** se formulan dos situaciones, en las que sólo una de ellas se puede realizar, no las dos. Se **excluye** la otra posibilidad.[8]

O Porfirio vive en España o Porfirio vive en Bolivia.

O los perros ladran o los perros maúllan.

En las **proposiciones disyuntivas inclusivas,** se formulan dos situaciones, que se pueden realizar o por lo menos una de ellas. Se **incluye** la otra posibilidad.

Tengo subsidio pre-natal o seguro médico.

Pueden tomar leche o tomar vino.

## PROPOSICIONES CONDICIONALES

Son aquellas proposiciones compuestas, cuyas proposiciones simples se hallan unidas por un conectivo lógico **"Si...entonces".** La primera proposición simple se llama Condición y la segunda Consecuencia.

**Si** entreno, **entonces** obtendré la medalla de oro.

**Si** conozco todo mi país, **entonces** amaré más a Bolivia.

## PROPOSICIONES BICONDICIONALES

Son aquellas proposiciones compuestas, cuyas proposiciones simples se hallan unidas por un conectivo lógico **"Si y solo sí".**

Ejemplo:

Oriente Petrolero saldrá tri-campeón **Si y solo sí,** obtiene tres campeonatos seguidos.

El perro es un mamífero **Si y solo sí,** toma leche.

---

8 CAÑEDO, Juvenal. (1985). Lógica formal y simbólica. Bolivia. Pág. 161

**PARA QUE ENTIENDAS MEJOR...**

**I. Responde las siguientes preguntas.**

¿Cuántas clases de proposiciones hay? ¿Menciónalos?
R..............................................................................................
..............................................................................................

¿Qué es una proposición coligativa?
R..............................................................................................
..............................................................................................

**II. Marca con una línea la opción correcta:**

Proposición conjuntiva.            " o "

Proposición  disyuntiva.            " y "

Proposición condicional.            "Si…entonces"

Proposición bicondicional.            "Si, y solo sí"

# CAPÍTULO III

## INFERENCIA COLIGATIVA

### PROPOSICIONES COLIGATIVAS

Son las proposiciones compuestas o moleculares, que se componen de dos proposiciones simples unidas por un **conectivo lógico** (y, o, y/o, si...entonces, si y solo sí).

La verdad o falsedad de las **proposiciones coligativas,** depende de la verdad o falsedad de las **proposiciones simples** que la componen.

### INFERENCIA COLIGATIVA

La inferencia coligativa es aquella operación lógica (cálculo proposicional) que consiste en llegar a la verdad o falsedad de la proposición coligativa a partir de la verdad o falsedad de las proposiciones simples que la componen.

La verdad o falsedad de las proposiciones coligativas dependen de reglas generales, conocidas como **tablas de verdad.**

### FORMALIZACIÓN DE LA INFERENCIA COLIGATIVA

Las proposiciones coligativas que pueden ser: conjuntivas, disyuntivas, condicionales y bicondicionales, se pueden combinar de diferentes maneras, a través de **símbolos** y **variables** que reemplazan a los diferentes **conectivos lógicos** y **proposiciones simples.**

### CONECTIVOS LÓGICOS:

Estos son:

| | |
|---|---|
| "Y" | $= \wedge$ |
| "O" | $= \vee$ |
| "O... o" | $= \underline{\vee}$ |
| "Si... entonces" | $= \rightarrow$ |
| "Si y sólo sí" | $= \leftrightarrow$ |
| "No o no" | $= \ \mid$ |

"Ni...ni"          =  ↓

**Proposición conjuntiva**

La ciudad es de los humanos ∧ el bosque de los animales.

**Proposición disyuntiva inclusiva.**

Los celulares son herramientas de trabajo ∨ los celulares no son equipos de comunicación.

**Proposición disyuntiva exclusiva.**

José Martí fue revolucionario ∨ José Martí fue un cobarde.

**Proposición condicional**

Si trabajo ⟶ tendré dinero

**Proposición bicondicional**

Seré famoso ⟷ bailo en el Gran Poder.

Un caso especial de conectivo lógico es la negación (~) porque afectan no a dos proposiciones, sino sólo a una proposición simple y se lee "no p".

**VARIABLES:**

Son las letras que se utilizan para reemplazar a las proposiciones simples y son: p, q, r, s, t, etc.

Ejemplo:

Eduardo Galeano es escritor y el Che Guevara revolucionario.

$$p \wedge q$$

"p" representa a la primera proposición y "q" a la segunda.

**TABLAS DE VERDAD**

Estas tablas de verdad son: Esquema de la conjunción, esquema de la disyunción inclusiva, esquema de la disyunción exclusiva, esquema de la condicionalidad, esquema de la bicondicionalidad, esquema de la negación, esquema de la negación alternativa y esquema de la negación conjunta.

## ESQUEMA DE LA NEGACIÓN

| p | ~p |
|---|---|
| V | F |
| F | V |

o

| p | ~p |
|---|---|
| V | F |
| F | V |

## REGLA

Toda proposición que lleve a su izquierda la negación, cambiará de F a V y de V a F. Se lee: no **P = ~ P.**

## Ejemplo.

Cesar no es mago (~ p)

## ESQUEMA DE LA CONJUNCIÓN

| p | q | p ∧ q |
|---|---|---|
| V | V | V |
| V | F | F |
| F | V | F |
| F | F | F |

o

| p | q | p ∧ q |
|---|---|---|
| 1 | 1 | 1 |
| 1 | 0 | 0 |
| 0 | 1 | 0 |
| 0 | 0 | 0 |

## REGLA

Una proposición conjuntiva es verdadera cuando sus dos proposiciones simples son verdaderas, en los demás casos serán falsas. Su conectivo lógico se lee: Y = ∧

## Ejemplo.

1. El caballo es un cuadrúpedo y el canguro un bípedo. V

2. Los murciélagos vuelan y las llamas nadan. F

3. Los leones son insectívoros y los cóndores son

majestuosos. F

4. Los gatos ladran y los perros maúllan. F

o

| p | q | p ∨ q |
|---|---|-------|
| V | V | V |
| V | F | V |
| F | V | V |
| F | F | F |

| p | q | p ∨ q |
|---|---|-------|
| 1 | 1 | 1 |
| 1 | 0 | 1 |
| 0 | 1 | 1 |
| 0 | 0 | 0 |

**ESQUEMA DE LA DISYUNCIÓN INCLUSIVA**

## REGLA

La proposición disyuntiva inclusiva es verdadera en todos los casos, menos cuando las dos proposiciones simples son falsas. Su conectivo lógico se lee: O = ∨.

**Ejemplo.**

1. El litio es un recurso estratégico o el litio se encuentra en el Salar de Uyuni.  **V**

2. La salida al mar es un derecho o la salida al mar es un anhelo infundado.  **V**

3. El Alto es un pueblo o El Alto es una ciudad.  **V**

4. Las dictaduras son buenas o las dictaduras generan libertad.  **F**

# ESQUEMA DE LA DISYUNCIÓN EXCLUSIVA

| p | q | p ⊻ q |
|---|---|-------|
| V | V | F |
| V | F | V |
| F | V | V |
| F | F | F |

| p | q | p ⊻ q |
|---|---|-------|
| 1 | 1 | 0 |
| 1 | 0 | 1 |
| 0 | 1 | 1 |
| 0 | 0 | 0 |

## REGLA

La proposición disyuntiva exclusiva es verdadera cuando una de las proposiciones simples es verdadera y la otra falsa o viceversa, en los demás casos es falsa. Su conectivo lógico se. lee: O...o = ⊻ .

## Ejemplo.

1.  O estoy a las 9:00 a.m. en el teatro o estoy a las 9:00 a.m. en la iglesia. F

2.  O Villa Tunari es un paraíso o Villa Tunari es un lugar deshabitado. V

3.  O el Plan 3000 está en La Paz o el Plan 3000 está en Santa Cruz. V

4.  O Pando es una provincia o Pando es un país. F

# ESQUEMA DE LA CONDICIONALIDAD

| p | q | p → q |
|---|---|-------|
| V | V | V |
| V | F | F |
| F | V | V |
| F | F | V |

o

| p | q | p → q |
|---|---|-------|
| 1 | 1 | 1 |
| 1 | 0 | 0 |
| 0 | 1 | 1 |
| 0 | 0 | 1 |

**REGLA**

La proposición condicional es verdadera en todos los casos, menos cuando el antecedente es verdadero y el consecuente es falso. Su conectivo lógico se lee: Si...entonces =

**Ejemplo.**

1. Si la C.O.B. lucha por los trabajadores, entonces habrá mejores salarios. V

o

2. Si el TIPNIS es un área protegida, entonces se permite la tala indiscriminada de árboles. F

3. Si Walter Nosiglia es paceño, entonces es Boliviano. V

4. Si todos los bolivianos fueran cocaleros, entonces la hoja de coca no sería sagrada. V

**ESQUEMA DE LA BICONDICIONALIDAD**

| p | q | p↔q |
|---|---|---|
| V | V | V |
| V | F | F |
| F | V | F |
| F | F | V |

| p | q | p↔q |
|---|---|---|
| 1 | 1 | 1 |
| 1 | 0 | 0 |
| 0 | 1 | 0 |
| 0 | 0 | 1 |

o

## REGLA

La proposición bicondicional es falsa cuando una de sus proposiciones simples es verdadera y la otra falsa o viceversa, en los demás casos son verdaderas. Su conectivo lógico se lee: Si y sólo sí =

Ejemplo.

1. El gas es un recurso energético estratégico, si y sólo sí, ayuda a mejorar la vida de los bolivianos. V

2. El CO.N.A.MA.Q. es una organización social, si y sólo sí, no lucha por sus bases. F

3. Las canchas de césped sintético no son beneficiosas, si y sólo sí, dejan jugar a los niños cobrándoles dinero. F

4. Los indigentes comen en Pollolandia, si y sólo sí, tienen dinero. V

## ESQUEMA DE LA NEGACIÓN ALTERNATIVA

| p | q | p \| q |
|---|---|---|
| V | V | F |
| V | F | V |
| F | V | V |
| F | F | V |

| p | q | p \| q |
|---|---|---|
| 1 | 1 | 0 |
| 1 | 0 | 1 |
| 0 | 1 | 1 |
| 0 | 0 | 1 |

o

## REGLA

Donde existe una negación alternativa, la proposición será verdadera en todos los casos, menos cuando las dos proposiciones simples sean verdaderas.[9] Este conectivo lógico se lee: O no o no =

La negación alternativa es la negación de la proposición conjuntiva, o sea p ∥ q = ~ (p ∧ q).

**Ejemplo.**

1. O Villazón no se encuentra en Chuquisaca o Tarata no se encuentra en La Paz.   F

2. O en Reyes no hay mujeres feas o en Riberalta no se navega por el río.   V

3. O Potosí no es un departamento minero o Cochabamba no es productor de camélidos.   V

4. O el Chaparé no está en Bolivia o Coripata no está en los Yungas.   V

## ESQUEMA DE LA NEGACIÓN CONJUNTA

| p | q | p ↓ q |
|---|---|---|
| V | V | F |
| V | F | F |
| F | V | F |
| F | F | V |

o

| p | q | p ↓ q |
|---|---|---|
| 1 | 1 | 0 |
| 1 | 0 | 0 |
| 0 | 1 | 0 |
| 0 | 0 | 1 |

## REGLA

Donde existe una negación conjunta, la proposición será verdadera cuando las dos proposiciones simples son falsas, en los demás casos son falsas. Este conectivo lógico se lee: Ni...ni = ↓

La negación conjunta es la negación de la proposición disyuntiva inclusiva, o sea p ↓ q = ~ (p ∨ q)

---

9 CAMACHO, Roberto. (1998). Metodología y lógica científica. Bolivia. Pág. 64

**Ejemplo.**

1. Ni jugamos fútbol ni jugamos baloncesto. F

2. Ni los niños son máquinas ni los hombres son santos. F

3. Ni las flores son seres vivos ni los animales son sensibles. F

4. Ni las aves vuelan ni las mariposas tienen alas. V

**PARA QUE ENTIENDAS MEJOR...**

**I. Memorizar los esquemas o tablas de verdad, para su posterior evaluación oral.**

**II. Establezca la verdad o falsedad de las siguientes proposiciones.**

Los niños son tiernos y las madres no son cariñosas.

      Falso              Verdadero

Los autos son bienes muebles y los terrenos son bienes inmuebles.

      Falso              Verdadero

Hablar aymara es una necesidad o hablar aymara es una formalidad.

      Falso              Verdadero

Si estudio, entonces no aprobaré el curso.

      Falso              Verdadero

Si entreno, entonces ganaré el campeonato.

      Falso              Verdadero

**III. Sortear a los diferentes grupos de trabajo las tablas de verdad, para que ellos a su vez puedan teatralizar conversaciones donde se reconozca e identifique los ejemplos que se dieron en clases.**

# CAPÍTULO IV

## LÓGICA PROPOSICIONAL

### USO DE LOS SIGNOS DE PUNTUACIÓN

Las proposiciones coligativas se pueden combinar de diversas maneras. Si una fórmula tiene más de un símbolo conectivo, es necesario utilizar signos de puntuación para establecer la jerarquía de las combinaciones.

Ejemplo:

$( p \lor q ) \lor ( p \land q )$

$( p \land q ) \rightarrow r$

$[ ( p \land q ) \land ( p \lor q ) ] \rightarrow ( p \land q )$

$\{ [ ( p \land q ) \land ( p \lor q ) ] \rightarrow ( p \underline{\lor} q ) \} \land r$

### CÁLCULO PROPOSICIONAL

Este cálculo se lo realiza tomando en cuenta las **Tablas de verdad.** Si se trabaja con tres o más variables se utiliza la fórmula: "$2^n$", siendo la "n" el número de variable utilizado. Asi por ejemplo, si se trabaja con 3 variables, su fórmula sería 2 elevado al cubo; es decir, 2x2x2=8. Entonces tendría 8 proposiciones alineadas en tres filas, pertenecientes a cada variable.

**Ejemplo:**

1. $\sim p \lor q$

| p | q | $\sim p$ | $\lor$ | q |
|---|---|---|---|---|
| V | V | F | V | V |
| V | F | F | F | F |
| F | V | V | V | V |
| F | F | V | V | F |

2. $(p \rightarrow q) \wedge [\sim q \rightarrow \sim p]$

| p | q | (p→q) | ∧ | ~q | → | ~p |
|---|---|-------|---|----|----|----|
| V | V | V | V | F | V | F |
| V | F | F | F | V | F | F |
| F | V | V | V | F | V | V |
| F | F | V | V | V | V | V |

R

3. $[(p \rightarrow q) \wedge (q \rightarrow r)] \rightarrow (p \rightarrow r)$

| p | q | r | (p→q) | ∧ | (q→r) | → | (p→r) |
|---|---|---|-------|---|-------|----|-------|
| V | V | V | V | V | V | V | V |
| V | V | F | V | F | F | V | F |
| V | F | V | F | F | V | V | V |
| V | F | F | F | F | V | V | F |
| F | V | V | V | V | V | V | V |
| F | V | F | V | F | F | V | V |
| F | F | V | V | V | V | V | V |
| F | F | F | V | V | V | V | V |

R

$4.(\sim p \wedge q) \leftrightarrow (\sim q \vee r)$

| p | q | r | ~p | ∧ | q | ↔ | ~q | ∨ | r |
|---|---|---|----|---|---|---|----|---|---|
| V | V | V | F | F | V | F | F | V | V |
| V | V | F | F | F | V | V | F | F | F |
| V | F | V | F | F | F | F | V | V | V |
| V | F | F | F | F | F | F | V | V | F |
| F | V | V | V | V | V | V | F | V | V |
| F | V | F | V | V | V | F | F | F | F |
| F | F | V | V | F | F | F | V | V | V |
| F | F | F | V | F | F | F | V | V | F |

R

# CÁLCULO PROPOSICIONAL POR EL SISTEMA BOOLE

Esta forma de cálculo proposicional, consiste en sustituir los valores lógicos de verdad por 1 y falso por 0. Todo esto a partir de la aplicación estricta de las tablas de verdad.

1. $\sim p \rightarrow \sim q$

| p | q | ~p | → | ~q |
|---|---|----|---|----|
| 1 | 1 | 0 | 1 | 0 |
| 1 | 0 | 0 | 1 | 1 |
| 0 | 1 | 1 | 0 | 0 |
| 0 | 0 | 1 | 1 | 1 |

2. $(p \rightarrow q) \wedge (p \wedge q)$

| p | q | $(p \rightarrow q)$ | $\wedge$ | $(p \wedge q)$ |
|---|---|---|---|---|
| 1 | 1 | 1 | 1 | 1 |
| 1 | 0 | 0 | 0 | 0 |
| 0 | 1 | 1 | 0 | 0 |
| 0 | 0 | 1 | 0 | 0 |

3. $(p \rightarrow q) \wedge (\sim q \rightarrow \sim p)$

| p | q | $(p \rightarrow q)$ | $\wedge$ | $\sim q$ | $\rightarrow$ | $\sim p$ |
|---|---|---|---|---|---|---|
| 1 | 1 | 1 | 1 | 0 | 1 | 0 |
| 1 | 0 | 0 | 0 | 1 | 0 | 0 |
| 0 | 1 | 1 | 1 | 0 | 1 | 1 |
| 0 | 0 | 1 | 1 | 1 | 1 | 1 |

4. $(p \rightarrow q) \rightarrow \sim q$

| p | q | $(p \rightarrow q)$ | $\rightarrow$ | $\sim q$ |
|---|---|---|---|---|
| 1 | 1 | 1 | 0 | 0 |
| 1 | 0 | 0 | 1 | 1 |
| 0 | 1 | 1 | 0 | 0 |
| 0 | 0 | 1 | 1 | 1 |

5. $[(p \rightarrow q) \wedge (q \rightarrow r)] \rightarrow (p \rightarrow r)$

| p | q | r | (p→q) | ∧ | (q→r) | → | (p→r) |
|---|---|---|-------|---|-------|---|-------|
| 1 | 1 | 1 | 1 | 1 | 1 | 1 | 1 |
| 1 | 1 | 0 | 1 | 0 | 0 | 1 | 0 |
| 1 | 0 | 1 | 0 | 0 | 1 | 1 | 1 |
| 1 | 0 | 0 | 0 | 0 | 1 | 1 | 0 |
| 0 | 1 | 1 | 1 | 1 | 1 | 1 | 1 |
| 0 | 1 | 0 | 1 | 0 | 0 | 1 | 1 |
| 0 | 0 | 1 | 1 | 1 | 1 | 1 | 1 |
| 0 | 0 | 0 | 1 | 1 | 1 | 1 | 1 |

6.  $(\sim p \wedge q) \leftrightarrow (\sim q \vee r)$

| p | q | r | ~p | ∧ | q | ↔ | ~q | ∨ | r |
|---|---|---|----|---|---|---|----|---|---|
| 1 | 1 | 1 | 0 | 0 | 1 | 0 | 0 | 1 | 1 |
| 1 | 1 | 0 | 0 | 0 | 1 | 1 | 0 | 0 | 0 |
| 1 | 0 | 1 | 0 | 0 | 0 | 0 | 1 | 1 | 1 |
| 1 | 0 | 0 | 0 | 0 | 0 | 0 | 1 | 1 | 0 |
| 0 | 1 | 1 | 1 | 1 | 1 | 1 | 0 | 1 | 1 |
| 0 | 1 | 0 | 1 | 1 | 1 | 0 | 0 | 0 | 0 |
| 0 | 0 | 1 | 1 | 0 | 0 | 0 | 1 | 1 | 1 |
| 0 | 0 | 0 | 1 | 0 | 0 | 0 | 1 | 1 | 0 |

## PRINCIPALES REGLAS EN LAS INFERENCIAS LÓGICAS

Para obtener una conclusión a partir de uno, dos, o más proposiciones simples dadas con anterioridad, se deben seguir determinadas reglas, que a continuación detallamos.

## 1. MODUS PONENDO PONENS

P1 Si administro mal mi dinero, entonces seré pobre.

P2 Administro mal mi dinero.

C Luego, seré pobre

Administro mal mi dinero  = p

Seré pobre  = q

P1     $P \longrightarrow q$

P2     $p$

C      $q$

P1 Si no cuido mi salud, entonces no podré hacer deporte.

P2 No cuido mi salud.

C Luego, no podré hacer deporte

No cuido mi salud = p

No podré hacer deporte = q

P1     $\sim p \longrightarrow \sim q$

P2     $\sim p$

C      $\sim q$

## REGLA

"Cuando se afirma en el antecedente, se afirma en el consecuente y cuando se niega en el antecedente, se niega en el consecuente". Ésta regla se aplica a las proposiciones condicionales. Abreviatura: PP.

## 2. MODUS TOLLENDO PONENS

P1 La quinua es el alimento estratégico del futuro o la quinua es el alimento estratégico del presente.

P2 La quinua no es el alimento estratégico del futuro.

C Luego, la quinua es el alimento estratégico del presente.

La quinua es el alimento estratégico del futuro = p

La quinua es el alimento estratégico del presente = q

P1    p ∨ q

P2   ~ p

C     q

P1 La quinua es el alimento estratégico del futuro o la quinua es el alimento estratégico del presente.

P2 La quinua no es el alimento estratégico del presente.

C Luego, la quinua es el alimento estratégico del futuro

P1    p ∨ q

P2   ~ q

C     p

**REGLA**

"Si se niega en el consecuente, a una de las proposiciones disyuntivas inclusivas del antecedente, se afirma a la otra proposición simple". Se aplica en las proposiciones disyuntivas. Abreviatura: TP.

## 3.  MODUS PONENDO TOLLENS

P1 O trabajas o estudias.

P2 Trabajas

C Luego, no estudias.

Trabajas = p

Estudias = q

**P1**    p $\underline{\vee}$ q

P2    p

C    ~ q

P1  O eres del Altiplano o eres del Trópico.

P2  Eres del Trópico.

C   Luego, no eres del Altiplano.

**P1**      p ⊻ q

P2      q

C      ~ p

**REGLA**

"El consecuente determina la verdad o falsedad de la proposición disyuntiva exclusiva, negando una de las posibilidades que se señala en el antecedente. Luego en la conclusión se niega la posibilidad rechazada". Abreviatura: PT.

## 4.  MODUS TOLLENDO TOLLENS

P1 Si se industrializa nuestro litio, entonces Bolivia será próspera.

P2 Bolivia no será próspera.

C Luego, no se industrializó el litio.

Industrializa nuestro litio = p

Bolivia será próspera = q

P1      p ⟶ q

P2      ~ q

C      ~ p

Otro ejemplo:

P1      p ∨ q ⟶ r

P2      ~ r

C      ~ (p ∨ q)

## REGLA

"Si se niega en el consecuente, a una de las proposiciones condicionales del antecedente, también se niega a la otra proposición simple del antecedente". Ésta regla se aplica a las proposiciones condicionales. Abreviatura: TT.

## 5. DOBLE NEGACIÓN

P1 Ningún mamífero es invertebrado. = $\sim\sim p$

C Luego, todo mamífero es vertebrado. = p

P1    $\sim\sim p$
________________
C       p

P1 Todos los peces son acuáticos = p

C Luego, ningún pez es terrestre = $\sim\sim p$

P1         p
________________
C      $\sim\sim p$

## REGLA

"Si la proposición es afirmativa se convierte en una doble negación y si la proposición tiene una doble negación se convierte en afirmativa". Abreviatura: DN.

## 6. LEY DE ADJUNCIÓN

P1 El río Piraí está contaminado.

P2 El río Choqueyapu está embovedado.

C    Luego, el río Piraí está contaminado y el río Choqueyapu está embovedado.

El río Piraí está contaminado = p

El río Choqueyapu está embovedado = q

P1        p

P2        q
________________
C      $p \wedge q$

**REGLA**

"Dos proposiciones simples verdaderas se pueden juntar, en una proposición conjuntiva verdadera". Abreviatura: A.

## 7.  LEY DE SIMPLIFICACIÓN

P1 El Ministerio de Educación ordena y los profesores reclaman.

C Luego, el Ministerio de Educación ordena.

C Luego, los profesores reclaman.

El Ministerio de Educación ordena = p

Los profesores reclaman        = q

| P1 | $p \wedge q$ | $p \wedge q$ |
|----|-----|-----|
| C | p | q |

**REGLA**

"Si la proposición conjuntiva es verdadera, las proposiciones de la conclusión serán verdaderas". Abreviatura: S.

## 8.  LEY DEL SILOGISMO HIPOTÉTICO

P1 Si los medios de comunicación son idóneos, entonces se informa la verdad.

P2 Si se informa la verdad, entonces la opinión pública estará bien orientada.

C Luego, si los medios de comunicación son idóneos, entonces la opinión pública estará bien orientada.

Los medios de comunicación son idóneos = p

Se informa la verdad                = q

La opinión pública estará bien orientada.   = r

| P1 | $p \longrightarrow q$ |
|----|-----|
| P2 | $q \longrightarrow r$ |
| C | $p \longrightarrow r$ |

**REGLA**

"Si el antecedente de la segunda es igual al consecuente de la primera, entonces la conclusión se forma con el antecedente

de la primera y el consecuente de la segunda". Abreviatura: SH.

## 9. LEY DEL SILOGISMO DISYUNTIVO

P1 Viajamos a Caranavi o viajamos a Santiago de Huata.

P2 Si viajamos a Caranavi, entonces comeremos fruta.

P3 Si viajamos a Santiago de Huata, entonces comeremos pescado.

C Luego, comeremos fruta o comeremos pescado.

Viajamos a Caranavi = p

Viajamos a Santiago de Huata = q

Comeremos fruta = r

Comeremos pescado – s

| | | | | | |
|---|---|---|---|---|---|
| P1 | $p \lor q$ | | P1 | $p \lor q$ | |
| P2 | $p \rightarrow r$ | | P2 | $p \rightarrow r$ | |
| P3 | $q \rightarrow s$ | | P3 | $q \rightarrow s$ | |
| C | $r \lor s$ | Otra conclusión | | $s \lor r$ | |

**REGLA**

"La conclusión es un disyunción que se forma a partir de los consecuentes de la primera proposición disyuntiva". Abreviatura: SD.

## 10. LEYES CONMUTATIVAS

P1 Los jubilados reciben sus rentas y los trabajadores reciben sus sueldos.

C Los trabajadores reciben sus sueldos y los jubilados reciben sus rentas.

Los jubilados reciben sus rentas = p

Los trabajadores reciben sus sueldos = q

P1  p ∧ q
........................
P2  p ∧ r

P1 Fausto Reinaga es indigenista o Fausto Reinaga es indianista.

C Fausto Reinaga es indianista o Fausto Reinaga es indigenista.

Fausto Reinaga es indigenista =

p Fausto Reinaga es indianista =

q

P1  p ∨ q
........................
P2  p ∨ r

**REGLA**

"El orden de las proposiciones simples no afecta el significado de la proposición coligativa, ni de la conclusión". Se aplica en las conjunciones y disyunciones. Abreviatura: LC

## 11.  LEYES DE MORGAN

P1 No estudias y no haces deporte.

C Luego, no ocurre que estudies o hagas deporte.

No estudias  = p

No haces deporte = q

P1  ~p ∧ ~q          o          P1  ~ ( p ∨ q )
........................                    ........................
C   ~( p ∨ q )                          ~p ∧ ~q

**REGLA**

"Una conjunción de negaciones puede convertirse en una disyunción negativa y viceversa". Abreviatura: LM.

P1 No es un pato o no es un gallo.

C Luego, no ocurre que sea a la vez pato y gallo.

No es un pato  = p
No es un gallo = q

$$
\begin{array}{ll}
P1 & \sim p \lor \sim q \\
\hline
C & \sim (p \land q)
\end{array}
\qquad o \qquad
\begin{array}{ll}
P1 & \sim (p \land q) \\
\hline
 & \sim p \lor \sim q
\end{array}
$$

## REGLA

"Una disyunción de negaciones puede convertirse en una conjunción negativa y viceversa". Abreviatura: LM.[10]

## 12. LEY DE PROPOSICIONES BICONDICIONALES

P1 Bailó en el Carnaval de Oruro, si y solo sí, es patrimonio cultural e intangible de la humanidad.

C Si bailo en el Carnaval de Oruro, entonces es patrimonio cultural e intangible de la humanidad.

C Si es patrimonio cultural e intangible de la humanidad, entonces bailaré en el Carnaval de Oruro.

Bailó en el Carnaval de Oruro = p

Es patrimonio cultural e intangible de la humanidad = q

$$
\begin{array}{ll}
P1 & p \leftrightarrow q \\
\hline
C & p \rightarrow q \\
C & q \rightarrow p
\end{array}
\quad o \quad
\begin{array}{ll}
P1 & p \leftrightarrow q \\
\hline
C & (p \rightarrow q)\ (q \rightarrow p)
\end{array}
\quad o \quad
\begin{array}{ll}
P1 & p \rightarrow q \\
P2 & q \rightarrow p \\
\hline
C & p \leftrightarrow q
\end{array}
$$

## REGLA

"De una bicondicional se puede obtener dos condicionales o viceversa". Abreviatura: LB.

---

10 PFÄNDER, Alejandro. (1940). Lógica. Bolivia. Pág. 114

**PARA QUE ENTIENDAS MEJOR...**

**1. Realizar el cálculo proposicional de las siguientes fórmulas.**

$$(p \lor q) \longrightarrow (p \lor q)$$

$$\sim (p \land q) \longleftrightarrow (p \land q)$$

$$(p \lor q) \longrightarrow r$$

**II. Realizar el cálculo proposicional por el sistema Boole.**

$$(p \wedge q) \vee (p \vee q)$$

$$\sim (p \vee q) \longrightarrow (p \underline{\vee} q)$$

$$\sim r \longrightarrow (p \underline{\vee} q)$$

# CAPÍTULO V

## CIRCUITOS LÓGICOS

## CIRCUITOS ELÉCTRICOS Y CIRCUITOS LÓGICOS

La lógica se aplica en los circuitos eléctricos, porque está relacionado con las posibilidades de encender o apagar, de conectar o desconectar electricidad. Esto es posible debido a la existencia de un interruptor u otra acción que permita esto.

Estas acciones pueden ser traducidas en términos de valores lógicos de "Verdadero o Falso", de acuerdo al método Boole "1 y 0".

En ese sentido, podemos establecer que existe una relación lógica entre un foco que está prendido con otro que está apagado.

$$\text{Luz} = \text{Prendido} = \text{cerrado} = \text{verdadero} = 1$$

Foco

$$\text{No-luz - Apaga.do - abierto - falso - 0}$$

Veamos como ocurre en la práctica:

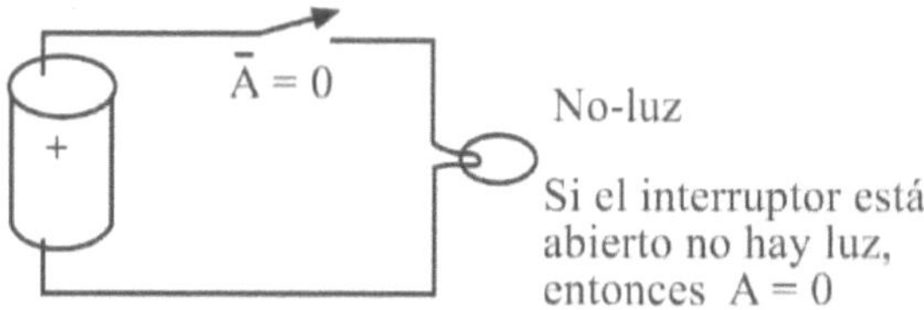



Los dibujos anteriores son circuitos donde tenemos un interruptor que hace posible con su posición de abierto o cerrado, que haya luz o no, en el foco. Hemos simbolizado el interruptor con la letra "A" si está cerrado y " ~A" cuando está abierto. Esta última es otra forma de escribir la negación de un concepto. " ~A" es igual "Á". En síntesis tenemos:

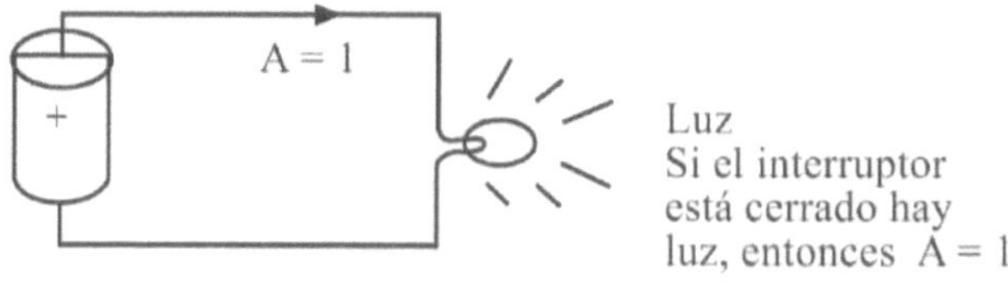

| Interruptor | Luz | |
|---|---|---|
| Abierto (F) | No hay luz (F) | = 0 |
| Cerrado (V) | Hay luz (V) | = 1 |

Se expresa también del siguiente modo:

| A | LUZ |
|---|---|
| 1 | 0 |
| 0 | 1 |

Según el método Boole los valores de V o F son: "V = 1" y "F = 0". Estos valores significan: 1 = abierto; 0 = cerrado, también "encendido o apagado".

Con ésta idea básica, veamos los valores de los operadores lógicos de A y B, en el siguiente circuito lógico.

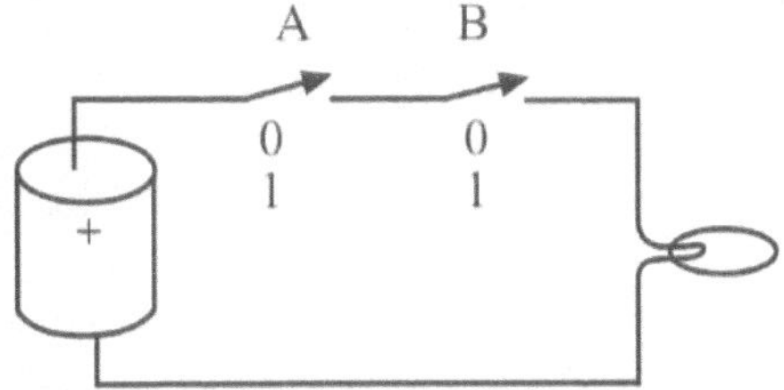


Si analizamos el circuito, podremos apreciar que si uno o los dos operadores lógicos "A y B" están abiertos, no hay luz. Solo hay luz cuando ambos están cerrados. Tabulando estos valores tendremos:

| A | B | LUZ |
|---|---|---|
| 1 | 1 | 1 |
| 1 | 0 | 0 |
| 0 | 1 | 0 |
| 0 | 0 | 0 |

Los valores que corresponde a luz, son los valores de la tabla de verdad de la conjunción. Por lo tanto podemos expresarlo de la siguiente manera.

| A | B | LUZ | A∧B |
|---|---|-----|-----|
| 1 | 1 | 1 | 1 |
| 1 | 0 | 0 | 0 |
| 0 | 1 | 0 | 0 |
| 0 | 0 | 0 | 0 |

Cuando dos operadores lógicos están uno a continuación de otro, se denominará "Conexiones en Serie" que cumplen con los valores de verdad de la conjunción. Para expresar éste operador no será necesario escribirlo, estará implícito (AB) en la unión de los conceptos.

$$A \wedge B = A\,B$$

El circuito de conexiones en serie, tendrá la siguiente forma:

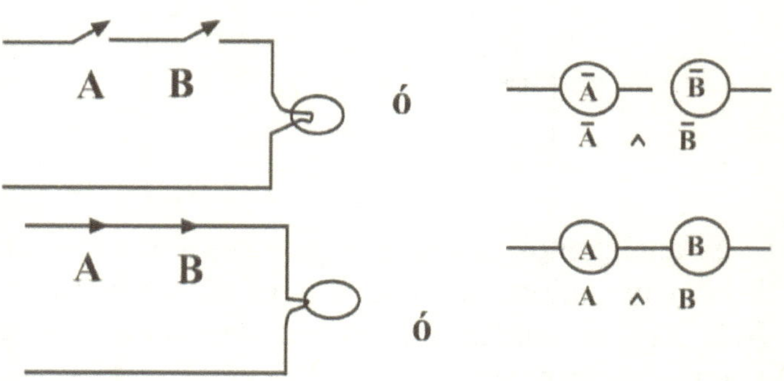


Veamos otra forma de ubicar los conmutadores

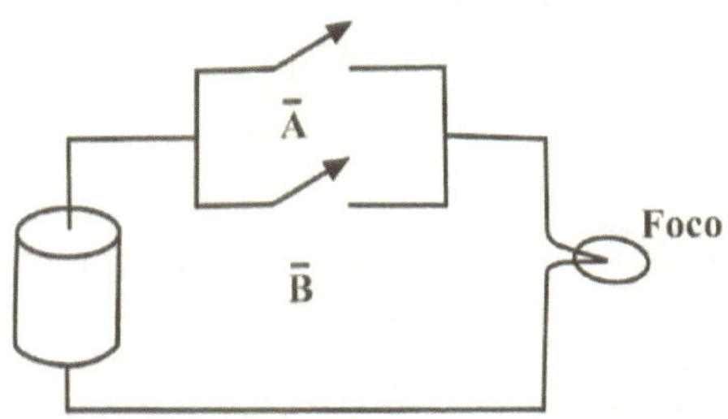

Al igual que en el primer circuito, si analizamos visualmente, el foco estará encendido si uno de los interruptores está conectado o cerrado. No existirá luz cuando ambos conmutadores estén abiertos. Tabulando los valores tenemos:

| A | B | LUZ |
|---|---|-----|
| 1 | 1 | 1 |
| 1 | 0 | 1 |
| 0 | 1 | 1 |
| 0 | 0 | 0 |

Los valores que corresponde a Luz, son los valores de la tabla de verdad de la **disyunción inclusiva.** Por lo tanto podemos expresarlo de la siguiente manera:

| A | B | LUZ | A$\vee$B |
|---|---|-----|------|
| 1 | 1 | 1 | 1 |
| 1 | 0 | 1 | 1 |
| 0 | 1 | 1 | 1 |
| 0 | 0 | 0 | 0 |

Cuando dos **operadores lógicos** estén frente a frente se denominará Conexiones en Paralelo, que cumplen con los valores de verdad de la **disyunción exclusiva,** llamado también **"operador sumador lógica".** En muchas situaciones no será extraño encontrar escrituras como "A + B".

El producto como el sumador lógico tienen como fundamento para su operación lógica, el principio de identidad "A es A", de ahí que "uno por uno es uno", como "uno más uno es uno" ("1x1= 1"y"1 + 1 = 1").

El circuito de conexiones en paralelo tendrá la siguiente

forma:

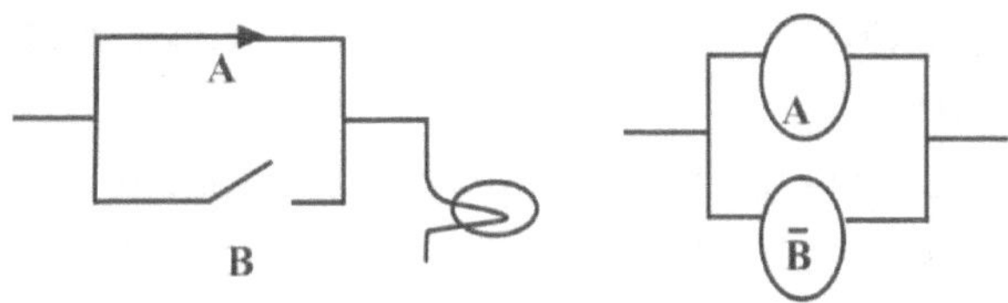

## Otros circuitos:

Si realizamos el cálculo proposicional y la verificación de la resultante del siguiente circuito lógico, tendremos:

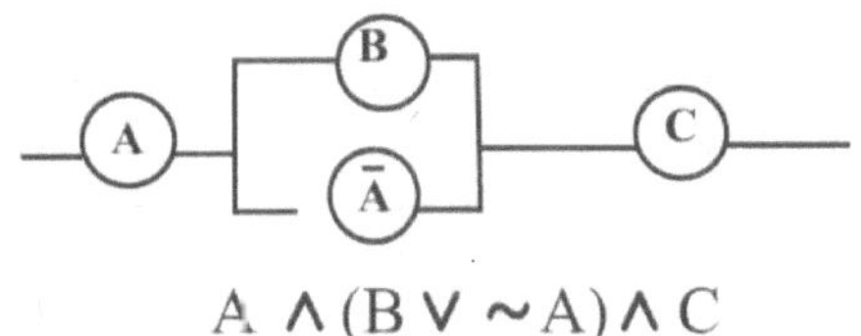

$$A \wedge (B \vee \sim A) \wedge C$$

Si tenemos tres variables, habrá ocho combinaciones:

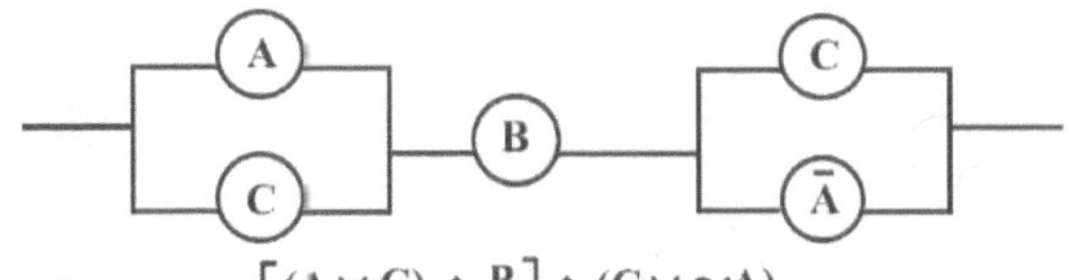

El esquema es: $[(A \vee C) \wedge B] \wedge (C \vee \sim A)$

$[(A \vee C) \wedge B] \wedge (C \vee \sim A)$

| A | B | C | A ∨ C | ∧ | B | ∧ | C ∨ ~A | | |
|---|---|---|---|---|---|---|---|---|---|
| 1 | 1 | 1 | 1 | 1 | 1 | 1 | 1 | 1 | 0 |
| 1 | 1 | 0 | 1 | 1 | 1 | 0 | 0 | 0 | 0 |
| 1 | 0 | 1 | 1 | 0 | 0 | 0 | 1 | 1 | 0 |
| 1 | 0 | 0 | 1 | 0 | 0 | 0 | 0 | 0 | 0 |
| 0 | 1 | 1 | 1 | 1 | 1 | 1 | 1 | 1 | 1 |
| 0 | 1 | 0 | 0 | 0 | 1 | 0 | 0 | 1 | 1 |
| 0 | 0 | 1 | 1 | 0 | 0 | 0 | 1 | 1 | 1 |
| 0 | 0 | 0 | 0 | 0 | 0 | 0 | 0 | 1 | 1 |

R

# LOS VALORES DE VERDAD EN LOS CIRCUITOS LÓGICOS

El valor de verdad de una proposición puede asociarse con el comportamiento de un Circuito Eléctrico con Interruptores.

Si la Proposición: p es el Interruptor de un Círculo; ~p también puede representarse por el mismo Interruptor.

Llamando V (Verdadero) al estado que permite el paso de la Corriente Eléctrica.

Llamando F (Falso) al estado que no permite el paso de la Corriente Eléctrica.

| | | |
|---|---|---|
| **p** ⟶ | p es V | Estado: V= Hay paso de Corriente |
| ~**p** | p es F | Estado: F= No hay paso de Corriente |

Usando dos o más Interruptores, se pueden asociar las Operaciones Preposicionales mediante, diversas disposiciones del Círculo.

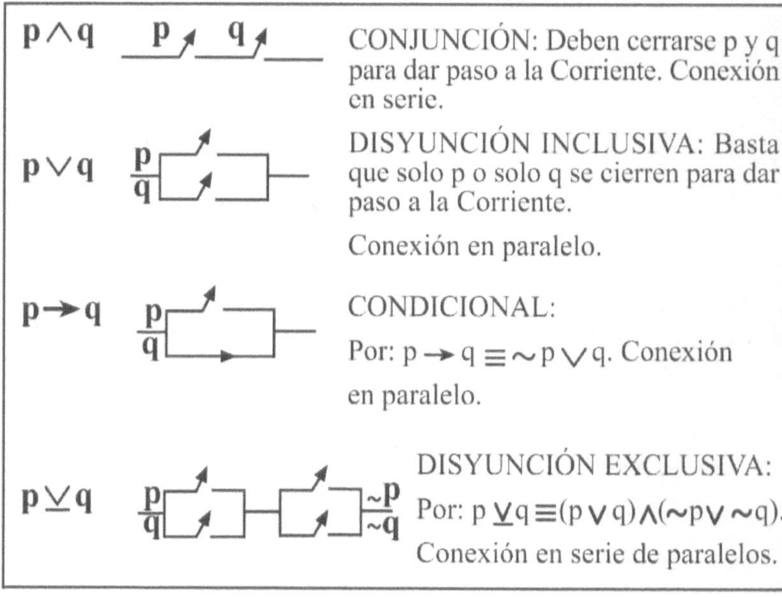

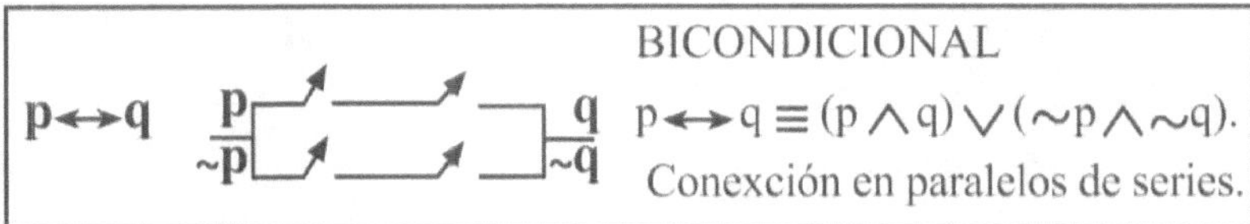


Mediante Circuitos Lógicos, se esquematizan las siguientes proposiciones:

a)  $p \wedge (q \vee r)$

b) $\sim p \wedge (p \vee q)$

Usando tres Interruptores

Simplificando por P-I-16-a

$\sim p \wedge p \vee q \equiv \sim p \wedge q$

Los círculos lógicos pueden ser expresados como proposiciones:

a)

b)

$(p \vee q) \wedge r$

$(p \wedge q) \vee r$

## LEYES BOOLEANAS

Basándonos en las leyes de la lógica también tenemos las denominadas leyes booleanas.

$a + a \quad = a$ Ley de Identidad.

$a + \sim a = a$ Ley del Tercer Excluido.

$a \cdot \sim a = 0$ Ley del Complemento Producto.

$0 + a = a$ Ley del Absorción Suma.

$1 + a = 1$

$0 \cdot a = 0$ Ley de absorción Producto.

$1 \cdot a = a$

# LA APLICACIÓN DE LA LÓGICA EN LA ELECTRÓNICA

La lógica ha generado el desarrollo del conocimiento científico, de la tecnología, la cibernética, etc. Se podría aseverar que el desarrollo de la lógica se encuentra actualmente paralelo al desarrollo del mundo digital. Este hecho hizo posible el desarrollo y la construcción de instrumentos sofisticados en el campo de la electrónica y otras ramas relacionadas con el mismo.

En nuestros días es frecuente escuchar frases como: "éste reloj es digital", "la calculadora es digital", "el teléfono es digital", las comunicaciones satelitales se realizan de manera digital, etc. Y esto se debe, a que la computadora como inteligencia artificial tiene su base y fundamento en la lógica digital.

## LÓGICA DIGITAL

Se denomina así al uso de dos valores "1 y 0" que representan pulsos de tensiones continuas (voltaje alto o bajo) las cuales son aplicadas como señales hacia las puertas lógicas que cumplen una determinada función.[11]

## PUERTAS LÓGICAS

Son circuitos electrónicos diseñados para cumplir ciertas funciones lógicas. Estas funciones lógicas son:

- La conjunción o producto lógico.

- La disyunción inclusiva o suma lógica.

- La disyunción exclusiva (suma lógica especial o fuerte).

- La negación o inversor.

Cada una de estas funciones tienen una puerta lógica con sus respectivas figuras o símbolos que las identifican. Utiliza como variables las letras A, B, C, D, E,... en vez de p, q, r, s.

---

11 FLORES, Wilfredo. (2008). Lecciones de lógica elemental. Bolivia. Pág. 157

Toda puerta lógica tiene entradas y salidas de información, que son combinaciones de valores "1 y 0".

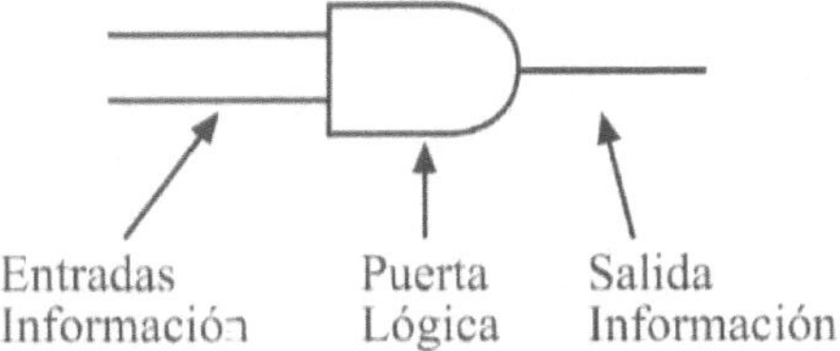


Para facilitar la comprensión, relacionamos la lógica proposicional digital.

1. La negación denominado también inversor.

| Disyunción Exclusiva | Suma exclusiva |
| --- | --- |
| Símbolo "v " | Puerta   "OR Exclusiva" |

| p | q | p ⊻ q |   | p | q | p ⊻ q |
| --- | --- | --- | --- | --- | --- | --- |
| F | F | F |   | F | F | F |
| F | V | V |   | F | V | V |
| V | F | V |   | V | F | V |
| V | V | V |   | V | V | V |

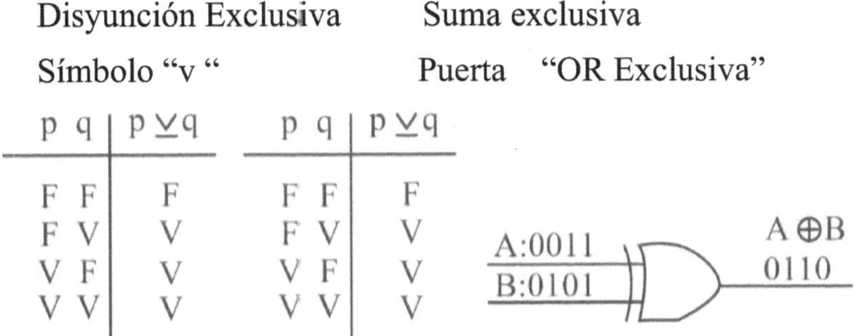


Existen puertas que realizan las funciones lógicas y la inversión simultáneamente, éstas son las siguientes.

| Lógica Proposicional | Lógica digital |
| --- | --- |
| Simbolo ~ | Negador o Inversor Puerta "NOT" |

| P | ~P |   | P | ~P |   | P | ~P |
| --- | --- | --- | --- | --- | --- | --- |
| F | V |   | 0 | 1 |   | 0 | 1 |
| V | F |   | 1 | 0 |   | 1 | 0 |

| Lógica Proposicional | Lógica digital |
| --- | --- |
| Conjunción Simbolo ∧ o | Producto Lógico Puerta "ADN" |

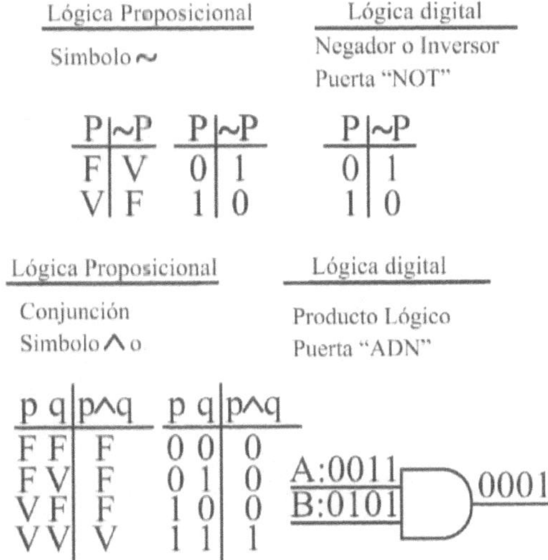

| p | q | p∧q |   | p | q | p∧q |
| --- | --- | --- | --- | --- | --- | --- |
| F | F | F |   | 0 | 0 | 0 |
| F | V | F |   | 0 | 1 | 0 |
| V | F | F |   | 1 | 0 | 0 |
| V | V | V |   | 1 | 1 | 1 |

Disyunción Inclusiva          Suma Lógica
Simbolo "∨"                   Puerta "OR"

| p | q | p∨q |   | p | q | p∨q |
|---|---|-----|---|---|---|-----|
| F | F | F   |   | 0 | 0 | 0   |
| F | V | V   |   | 0 | 1 | 1   |
| V | F | V   |   | 1 | 0 | 1   |
| V | V | V   |   | 1 | 1 | 1   |

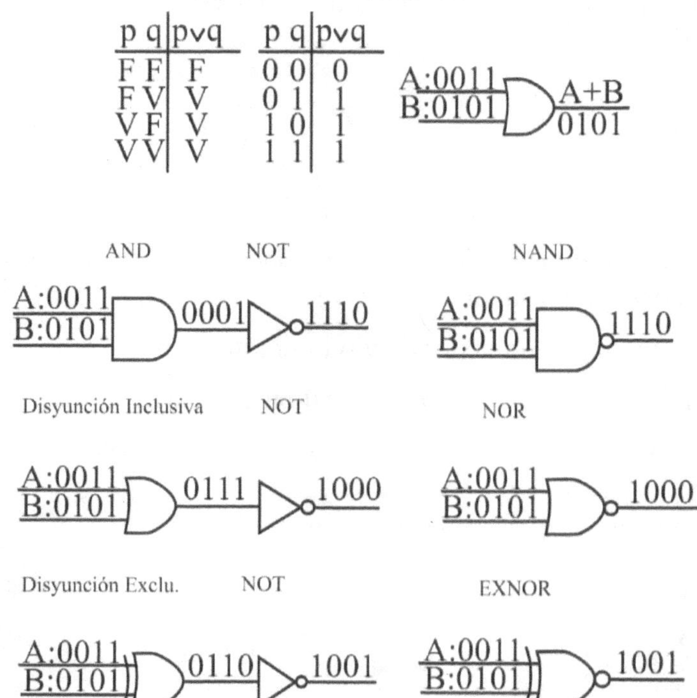

# PARA QUE ENTIENDAS MEJOR...

**I. Determina cuáles son los valores de luz y no hay luz.**

Luz          = ...........

No hay luz   = ...........

**II. Representa gráficamente la conjunción de A y B en un circuito eléctrico.**

**III. Representa gráficamente un circuito eléctrico utilizando tres interruptores.**

# CAPÍTULO VI

## LÓGICA DE CLASES

### CONCEPTO

La lógica de **clases** estudia las clases, sus relaciones y sus operaciones, se denomina también, **"Teoría de conjuntos"**. Se debe entender por **clase** al conjunto de objetos que tiene una propiedad común.

Las clases o conjuntos se simbolizan con letras mayúsculas: A, B, C...X, Y, Z y los elementos componentes con letras minúsculas: a, b, c...x, y, z; utilizando la coma ( , ) para separar y las llaves "{ }" para encerrar.

### RELACIONES ENTRE CLASES

Estas relaciones son: Igualdad, inclusión y desigualdad.

### IGUALDAD

Hay igualdad cuando dos clases tienen los mismos elementos. Se lee **"A igual B"** y se simboliza **"A = B"**.

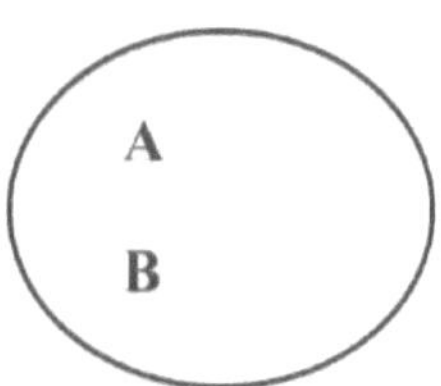

"Son dos círculos coincidentes"

Ejemplo:

$$A = \{x, y, z\} \text{ y } B = \{z, x, y\}$$

C: Luego A = B

### INCLUSIÓN

Hay inclusión cuando todos los elementos de una clase, están incluidos o pertenecen a otra clase. Se lee **"A está incluido en B"** y se simboliza "A ⊂ B".

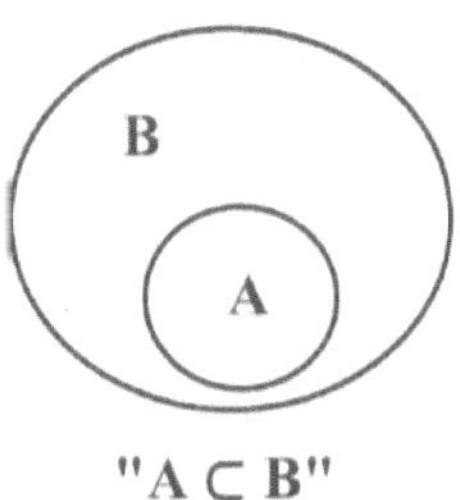

"A ⊂ B"

Ejemplo:

A= {a, b, c} y B = {a, b, c, d, e, f}

C: Luego "A ⊂ B"

Como se puede apreciar todos los componentes de la clase A(a, b, c) están incluidos y pertenecen a la clase B.

De manera literal, también se pueden dar los siguientes ejemplos:

-La clase de los gatos están incluidos en la clase de los felinos.

-La clase de los niños están incluidos en la clase de los seres humanos.

-La clase de bolígrafos están incluidos en la clase de las librerías.

Es importante señalar, que si bien la clase A esta incluido en la clase B, la clase B no está incluido en la clase A y se simboliza: "B ⊄ A"

## DESIGUALDAD

Se da cuando los elementos componentes de una clase pertenecen parcialmente a otra clase. Es una negación de la igualdad de clases. Se lee "A no es igual que B" y se simboliza "A ≠ B".

Ejemplo:

A= {p, q, r} y B = {p, q, r, s}

C:        Luego        "A        ≠ B".

Como se puede apreciar A no es igual que B, porque A tiene tres elementos y **B** cuatro. El elemento "s" **genera la desigualdad** entre A y **B.**

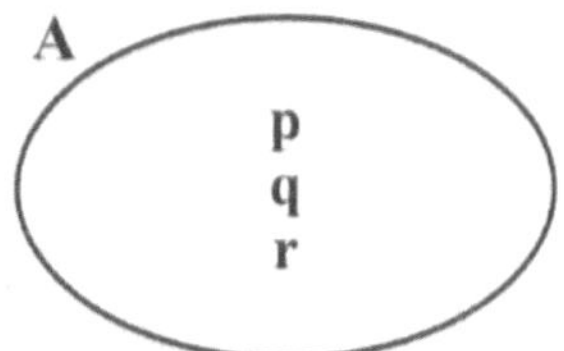

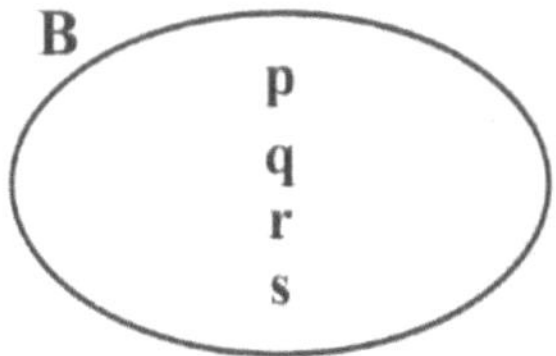

## OPERACIONES ENTRE CLASES

Las operaciones lógicas que se realizan con **clases o conjuntos,** es decir con objetos que tienen propiedades comunes, tienen la finalidad de realizar inferencias lógicas.

En el cálculo de clases se realizan varias operaciones mediante las cuales de dos o más clases se puede obtener una nueva clase.

**Entre estas operaciones están: la unión, la intersección y la diferencia.**

## 1. UNIÓN DE CLASES

La unión de clases o suma lógica de A y B, es la clase formada por todos los elementos que pertenecen a estas clases A y B o ambas a la vez.

Se simboliza:    $\cup$

Se escribe:    $A \cup B$

Se lee:    "A unión B"

Se presentan tres casos de unión

**1º. Caso:**

**A**= {1, 3, 5} y B = {2, 4, 6} : **A** $\cup$ B = {1, 2, 3, 4, 5, 6}

**En diagrama de Venn:**

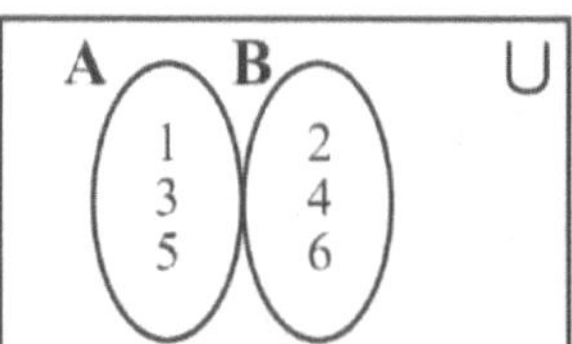

**2º. Caso:**

C = {3, 7, 9} y D = {3, 4, 7} : C $\cup$ D = {3, 4, 7,

9} En diagrama de Venn:

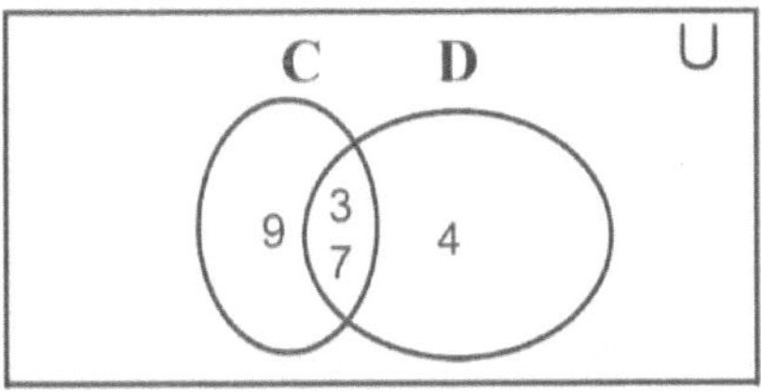


**3º. Caso:**

P = {a, e, i, o, u} y R = {e, i} : P $\cup$ R = {a, e, i, o,

u} En diagrama de Venn:

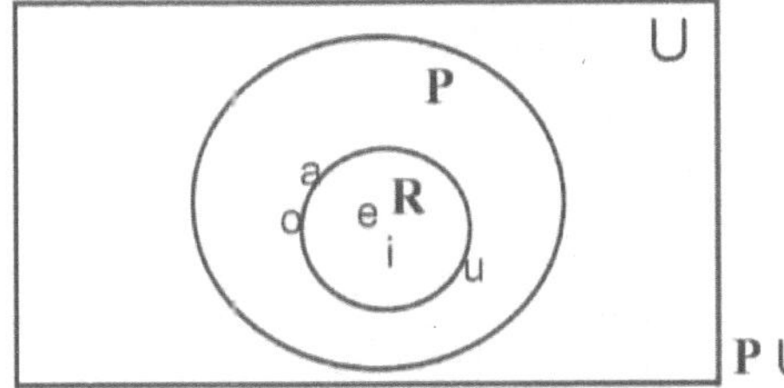


La unión de la clase A comprendida por las personas que hablan aymara y la clase B comprendida por las personas que hablan español. En la diagramación se podrá notar que existe un área común para ambas y que está constituida por las personas que hablan aymara y español, es decir son bilingües.

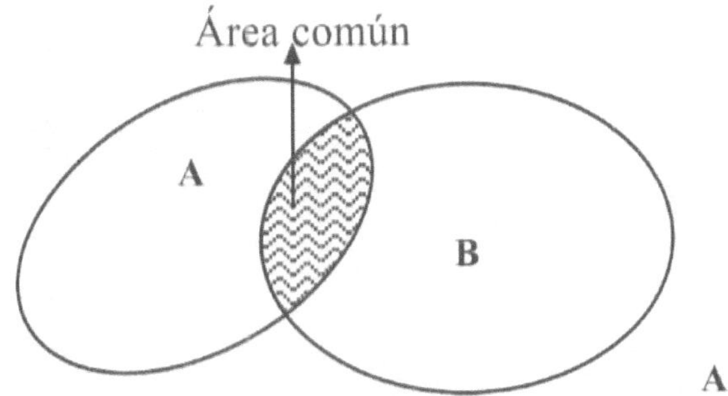


La unión de la clase M comprendida por las vicuñas que

habitan el altiplano boliviano y la clase J comprendida por los jaguares que habitan en la selva del oriente boliviano. Como se podrá notar, no existe un área común para ambas pues no existen llamas que vivan en la selva o viceversa.

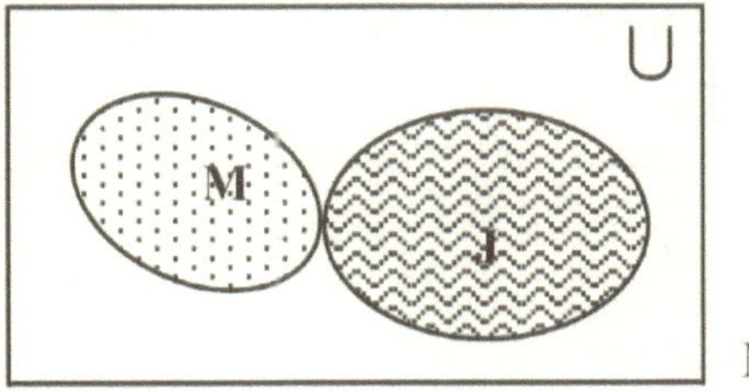


Nótese que en los ejemplos anteriores, en los diagramas de Venn, el área sombreada corresponde a la nueva clase fruto de la unión de las clases mencionadas. El rectángulo en el cual se inscriben las curvas cerradas correspondientes a las clases, representa la clase universal.

## 2. INTERSECCIÓN DE CLASES

La intersección de clases A y B, es la clase de los elementos que son comunes a las clases A y B.

Se simboliza:      ∩

Se escribe:       A ∩ B

Se lee:           "A intersección B"

Ejemplo:

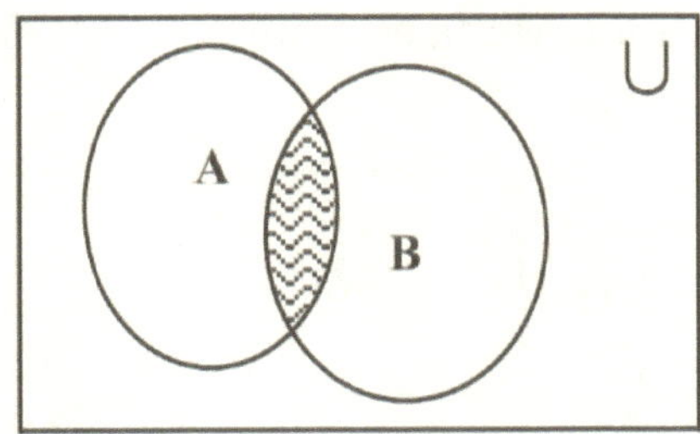


El diagrama que representa a la intersección son dos curvas cerradas que se enlazan en un área sombreada común para la clase A como para la B.

Ejemplo:

La intersección de las clases:

D = {a, b, c, d, e, j, k} y F = {j, k, r, s, t}

La clase que representa la intersección es:

D ∩ F = {j, k}

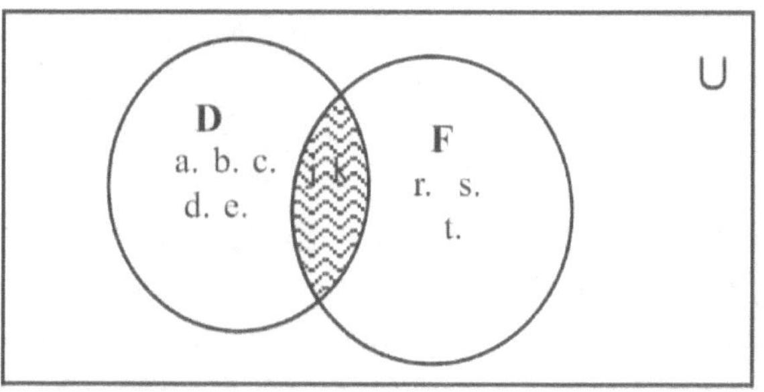

La intersección de la clase K de los arquitectos y de la clase Ñ comprendida por las mujeres, define una intersección compuesta por las mujeres que son arquitectas.

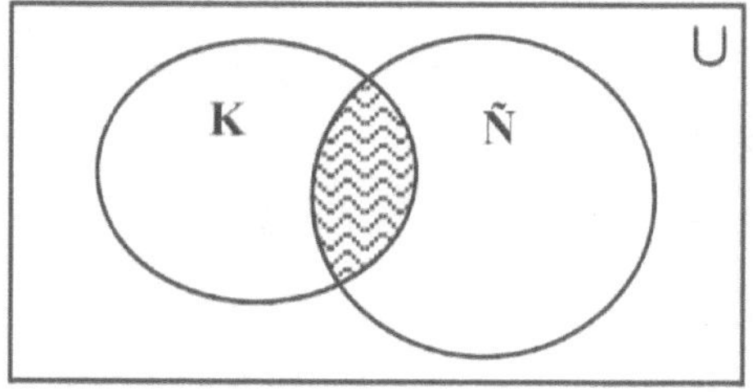

La enunciación María es arquitecta: María 6 (K ∩ Ñ)

Sean:

A = { 1, 3, 4 }

B = { 4, 5, 6, 7}

C = { 4, 8, 9 }

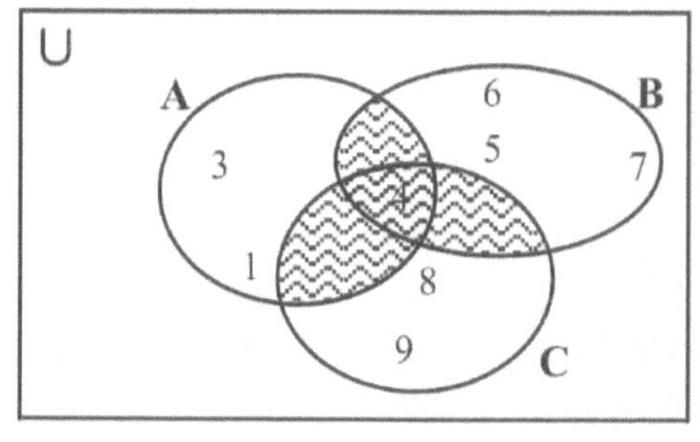

A ∩ B ∩ C = {4}

Se lee "A intersección B intersección C".

## 3. DIFERENCIA DE CLASES

La diferencia de dos conjuntos, A menos B, es el conjunto formado por elementos de A que no pertenezcan a B.

Sean:

A = { a, b, c, d, e }

B = { d, e, f, g, }

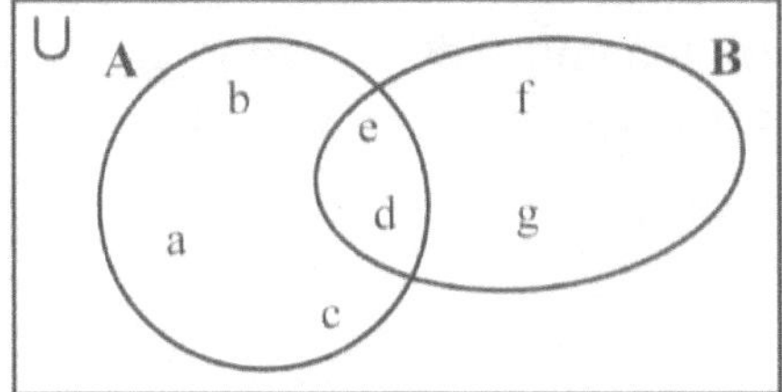

A - B = {a, b, c}

Se lee: "El conjunto A menos el conjunto B, es el conjunto a, b, c".

## 4. COMPLEMENTO DE UN CONJUNTO

Sean los conjuntos A y universal U. El complemento del conjunto A es la parte del conjunto universal U que no pertenece al conjunto A.

Sean:

A = { vocales }

U = { el alfabeto }

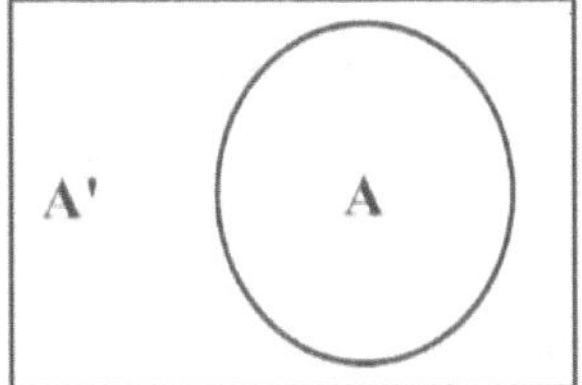

A' = U - A = {las consonantes}

Se lee: "A es el complemento de A".

## 5. DIFERENCIA SIMÉTRICA

Es el conjunto formado por la parte no común de dos conjuntos.

A = { 2, 4,6,8}

B = { 2, 4, 5,7}

$A \triangle B = (A \cup B) - (A \cap B)$

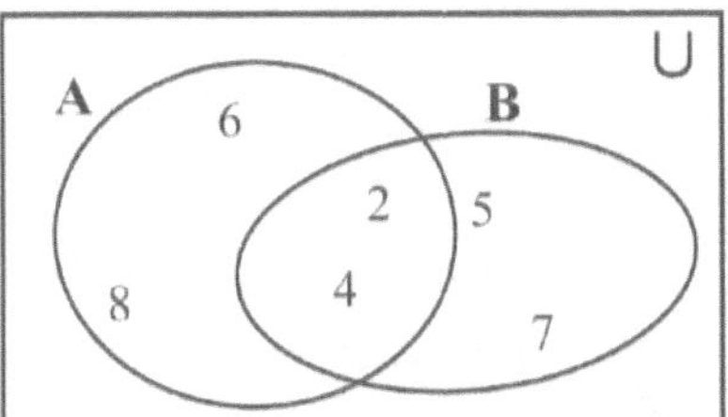

$A \triangle B = \{5, 6, 7, 8\}$

Se lee: "A diferencia simétrica B"

## 6.  PRODUCTO CARTESIANO DE CONJUNTOS

Dados dos conjuntos A y B, se llama producto cartesiano A . B, al conjunto de "pares ordenados" formados por todos los elementos de A, como primeros componentes, asociados a todos los elementos de B como segundos elementos.

Sean:

$A = \{ a, \}$

$M = \{ m, n, \}$

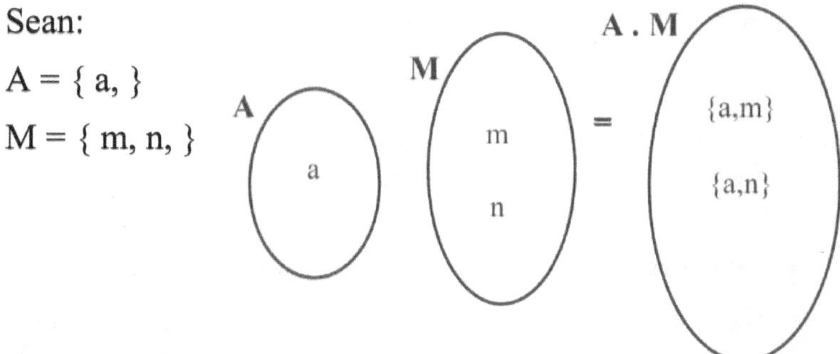


## CARACTERÍSTICAS DE LOS CONJUNTOS

Estas características son: pertenencia y no pertenecía.

PERTENENCIA" E " Y NO PERTENENCIA" £ "

Sea  : $A = \{a, b, c, d, e\}$

: $B = \{a, b, c\}$

: $C = \{m, n, q, r, s\}$

Entonces: $B \in A$, se lee:

"B pertenece a A"

$C \notin A$, se lee:

"C no pertenece a A"

## CLASIFICACIÓN DE LOS CONJUNTOS

Los conjuntos se clasifican según su naturaleza en: conjuntos finitos e infinitos, conjuntos iguales, conjunto vacío, conjunto unitario, conjunto universal y conjunto de partes.

**1) CONJUNTOS FINITOS E INFINITOS Finitos:**

Cuando los elementos del conjunto se puede contar.

A= {m, n, q, r }

**Infinitos:**

Cuando los elementos del conjunto son tantos que no se puede contar.

M = {estrellas del firmamento}, son infinitas

N = {0, 1,2, 3, 4, 5,..., 8}, Infinitos números

**2) CONJUNTOS IGUALES**

Dos conjuntos son iguales cuando tienen exactamente los mismos elementos, aunque no estén en el mismo orden.

A={4, 5, 6, 7,8}

B={5, 6, 4, 8, 7}

Entonces: A = B

**3) CONJUNTO VACÍO**

Es el conjunto que carece de elementos.

A= $\Phi$ ; A= { };A= 0

**4) CONJUNTO UNITARIO**

Es el conjunto que tiene un solo elemento.

M = {3} ; Q = {7 }

**5) CONJUNTO UNIVERSAL**

Es el conjunto que contiene a todos los elementos de otro conjunto.

U = {todas las vocales}

A = { e, i, o }

Entonces U es el conjunto universal de A.

## 6) CONJUNTO DE PARTES

Es el conjunto formado por la totalidad de subconjuntos que se puede formar a partir de un conjunto dado.[12]

Sea el conjunto:

M = {m, n, p}

El conjunto de partes es:

L (M) = {0>,{m}, {n}, {p}, {m, n}, {m, p}, {n, p}, {m, n, P}}

---

12 STHAL, Gerold. (1964). Introducción a la lógica simbólica. Chile. Pág. 181

## PARA QUE ENTIENDAS MEJOR...

Represente gráficamente las siguientes fórmulas.

1.  A= {v, w, x, y, z} y B = {v, w, x, y, z}
    C: Luego "A = B" = {v, w, x, y, z}

2.  G= {d, e, f, g, h, i, j} y H = {h, i, j, k, l, m}
    C : Luego "G ∩ H" = {h, i, j}

3.  D= {3, 5, 7, 9} y E ={2, 4, 6, 8}
    C : Luego D ∪ E = {2, 3, 4, 5, 6, 7, 8, 9}

# CAPÍTULO VII
## LÓGICA CUANTIFICACIONAL

### CONCEPTO

La lógica cuantificacional es una de las ramas de la lógica simbólica que consiste en reemplazar las variables que representan a las proposiciones, por símbolos que expresan cantidad, ya sea por su universalidad, particularidad o individualidad.

### INFERENCIAS CON PROPOSICIONES SIMPLES

Existen inferencias lógicas donde se puede obtener una conclusión a partir de proposiciones simples que se dan con anterioridad.

P1 Todos los ancianos son sabios.

P2 Mahatma Gandhi es anciano.

C  Luego, Mahatma Gandhi es sabio.

$$\frac{\begin{array}{c} P \\ q \end{array}}{r} \qquad\qquad P \wedge q \rightarrow r$$

La validez de este tipo de inferencias depende de la estructura interna de las **proposiciones simples o singulares** que la componen.

La **lógica cuantificacional** estudia la composición íntima de las proposiciones, utiliza nuevos símbolos, leyes y métodos para establecer la validez de los razonamientos.

**En el ejemplo dado, la primera proposición es general, el** sujeto se refiere a un conjunto de individuos (los ancianos). Esta proposición lleva antepuesto el término: **"todos"**, llamado **cuantificador.**

La **segunda proposición es singular,** el sujeto se refiere a un solo individuo (Mahatma Gandhi) al cual se le atribuye una característica o propiedad (anciano).

# ESTRUCTURA DE LAS PROPOSICIONES SINGULARES

La **proposición simple o singular** se compone de: sujeto y predicado.

## Sujeto

Es aquel sujeto u objeto del cual se afirma o niega algo. Son los seres individuales de los cuales se dice algo.

Ejemplo.

**Fausto Reinaga** es un gran pensador boliviano.

**Walter Nosiglia** es chuquisaqueño.

**Piraí Vaca** es un gran artista.

**Marx** es discípulo de **Hegel.**

**Los osos** son más lentos que los **ñandús.**

## Predicado

Es lo que se afirma o niega del concepto sujeto. El predicado incluye al verbo.

Rafael Bautista Segales **es intelectual.**

Gonzalo Sánchez de Lozada **es un mal recuerdo.**

Los árbitros de fútbol **son valientes.**

**Cuatro es mayor que dos.**

**El club Guabirá es el equipo de Montero.**

# SIMBOLIZACIÓN DE LAS PROPOSICIONES SINGULARES

Los sujetos (objetos) se simbolizan mediante las letras minúsculas: a, b, c, d, e , **f**, etc. Se llaman **constantes de individuo.**

Los predicados se simbolizan mediante las letras mayúsculas: **A, B,** C, **F, G, H,** etc. Se llaman **letras de**

**predicado.**

Para simbolizar proposiciones singulares, primero se escribe la letra de predicado y luego la constante individual.

Ejemplo:

Beymar es cantante,

b    C    =    Cb

Silvia es estudiosa.

s    E    =    Es

La diablada es boliviana.

d    B    =    Bd

Las proposiciones singulares pueden ser negadas y se simbolizan anteponiendo la negación a la fórmula:

Ejemplo:

Belzu no es cruceño          ~ Cb

Tarata no es departamento    ~ Dt

El Madidi no es navegable    ~ Nm

Las proposiciones que tienen un predicado y dos o más sujetos u objetos, se simbolizan escribiendo, primero la letra de predicado, seguida de las constantes individuales en el orden en que se presentan:

Ejemplo:

La tricolor representa a los bolivianos.

t    R    b    =    Rtb

Oruro tiene una superficie menor a la de Potosí.

o    S    p    =    Sop

La U.P.E.A. pertenece al Pueblo.

u    P    p    =    Pup

Estas proposiciones pueden ser negadas y se simbolizan

anteponiendo la negación a la fórmula:

Ejemplo:

El hombre no cuida la naturaleza. $= \sim Chn$

Villarroel no fue amigo de los oligarcas. $= \sim Avo$

Los alimentos no deben ser transgénicos. $= \sim Dat$

Las proposiciones singulares pueden formar proposiciones compuestas, en este caso se simbolizan mediante conectivos lógicos:

Ejemplo:

Cañoto es un revolucionario y Abaroa es un héroe.

c　　R $\wedge$ a　　H　　　　$= Re \wedge Ha$

Banzer fue Dictador o Melgarejo fue un estúpido.

b　　D　　$\vee$　m　　E　　$= Db \vee Em$

Si Oliver es apoleño entonces Oliver es leco.

o　　A　　$\rightarrow$　o　　L　　$= Ao \rightarrow Lo$

Cuando existe pluralidad de sujetos y predicados (dos o más) se usan las mismas letras.

Alberto es Padre y hermano　　　　　$= Pa \wedge Ha$

Pando y Beni son departamentos　　　$= Dp \wedge Db$

Jorge es abogado o Jorge es profesor　$= Aj \vee Pj$

## FUNCIONES PROPOSICIONALES

Sean las proposiciones singulares:

Bolivia es próspera　　　　$= Pb$

El Beni es ganadero　　　　$= Gb$

España no es un paraíso　　$= \sim Pch$

Si sustituimos los sujetos y las constantes de individuo por "x", tendremos las siguientes expresiones:

x es próspera　　　$=$　　Px

x es ganadero　　　$=$　　Gx

x no es amigable    =    Ax

Estas expresiones no son proposiciones, ya que no son verdaderas ni falsas, por estar indeterminado el argumento o individuo del cual se predica; son **funciones proposicionales.**

Las funciones proposicionales se convierten en proposiciones, sustituyendo la variable por nombres propios o por constantes de individuo:

**x es próspera** se convierte en:

Bolivia es próspera          = Pb

**x es ganadero** se convierte en :

Beni es ganadero          = Gb

**x no es amigable se convierte en:**

Chile no es amigable      = ~

Ach

Otros ejemplos:

El Chavo Salvatierra es Cruceño      = Cx          = Cch

Los zorros se comen a los gatos      = Cx          = Czg

La C.O.B. lucha y la C.O.R. revoluciona = Le ∧ Re

Guayaramerín es pujante o Guayaramerín es descuidada. = Pg ∨ Dg

Croatas y Serbios ya son cruceños. = Ce ∧ Cs

## CUANTIFICACIÓN

La cuantificación implica reemplazar las variables tanto de los sujetos como de los predicados, por símbolos que representen cantidad.

Si decimos:

x es abogado.

Entonces tenemos una función proposicional que no es

verdadera ni falsa, pero si le anteponemos el cuantificador: "para todo x"

> para todo x, x es abogado.

Entonces tendremos una proposición falsa, equivale a

> decir: Todos los individuos son abogados.

Si le anteponemos el cuantificador: "para algún x"

> Para algún x, x es abogado.

Tendremos una proposición verdadera, equivale a decir:

> Algún individuo es abogado.

La frase "para todo x" recibe el nombre de **cuantificador universal,** la predicación abarca a todos los individuos. Su símbolo es: (x)

La frase "para algún x" recibe el nombre de **cuantificador existencial,** la predicación abarca por lo menos a un individuo. Su símbolo es: (∃x)

La simbolización cuantificacional de las anteriores proposiciones será:

> Todos son abogados        =      (x) Ax
>
> Algunos son Abogados      =      (∃x)Ax

# APLICACIÓN Y ALCANCE DE LOS CUANTIFICADORES.

Los cuantificadores se aplican a proposiciones categóricas, que son cuatro:

**Universal afirmativa**

Todos los bolivianos son americanos.

Su símbolo es: "A"

Su fórmula es: "Todo S es P"

Su fórmula cuantificacional: (x) (Bx→Ax)

### Universal negativa

Ningún tarijeño es argentino.

Su símbolo es: "E"

Su fórmula es: "Ningún S es P"

Su fórmula cuantificacional: (x) (Tx $\rightarrow$ ~Ax)

Para todo x, si x es tarijeño, entonces x no es argentino.

### Particular afirmativa

Algunos americanos son bolivianos

Su símbolo es: "I"

Su fórmula es: "Algunos S son P"

Su fórmula cuantificacional: ($\exists$x)   (Ax $\wedge$ Bx)

Para algún x, x es americano y x es boliviano.

### Particular negativa

Algunos hombres no son abogados.

Su símbolo es "O"

Su fórmula es: "Algunos S no son P"

Su fórmula cuantificacional: (3x) (Hx $\wedge$ ~Ax)

Para algún x, x es hombre y x no es abogado.

Las proposiciones universales son verdaderas, cuando todos los ejemplos de sustitución de la función proposicional son verdaderos; son falsas, cuando hay por lo menos un ejemplo de sustitución falso.

Las proposiciones particulares son verdaderas, si tienen cuando menos un ejemplo de sustitución verdadero de la función proposicional; serán falsas, cuando no hay un solo ejemplo de sustitución verdadero.

# CUADRO DE OPOSICIÓN

Las inferencias inmediatas de oposición se representan en la lógica tradicional del siguiente modo:

Todo S es P     A     Contrarias     E     Ningún S es P

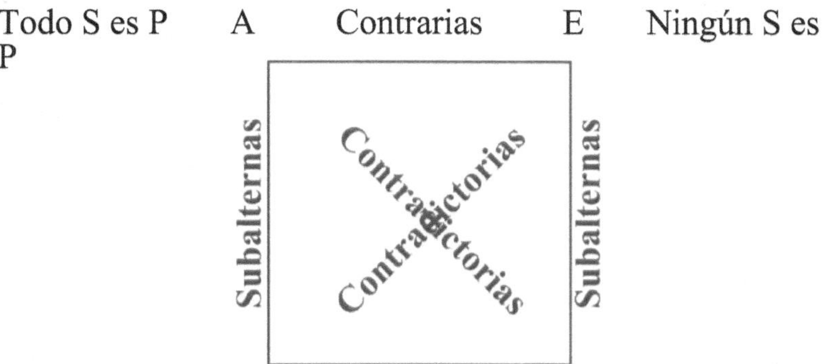


Algunos S son P   I   Subcontrarias O Algunos S no son P

**Sus reglas:**

**Contradictorias:** Ambas proposiciones no pueden ser verdaderas ni falsas a la vez. Si una de ellas es verdadera, la otra es falsa y viceversa.

**Contrarias:** Ambas proposiciones no pueden ser verdaderas a la vez, pero si pueden ser falsas, luego de la verdad de una de ellas se infiere la falsedad de la otra.

**Subcontrarias:** Ambas proposiciones no pueden ser falsas a la vez, pero si pueden ser verdaderas, luego de la falsedad de una de ellas se infiere la verdad de la otra.

**Subalternas:** De la verdad de la proposición universal se infiere la verdad de la particular. De la falsedad de la particularidad se infiere la falsedad de la universal.

# CUADRO DE OPOSICIÓN DE LA LÓGICA SIMBÓLICA

La lógica simbólica representa el cuadro de oposición del siguiente modo:

Las proposiciones A-0 y E-I son contradictorias y siguen las reglas de la lógica tradicional. En estas relaciones la lógica simbólica está de acuerdo con la lógica tradicional.

En las proposiciones A-E donde no hay un solo individuo que tenga la propiedad "F", no se cumplen las relaciones contrarias, subcontrarias ni subalternas, veamos su interpretación:

$$A= (x) (Fx \rightarrow G x )$$

Todos los niños son políticos.

$$E= (x) (Fx \rightarrow \sim Gx)$$

Ningún niño es político.

El mismo análisis se puede hacer con las proposiciones I - O y se verá que ambas son falsas y, por lo tanto, no son subcontrarias.

$$I = (\exists x) (Fx \wedge Gx)$$

Algunos niños son políticos.

$$O = (\exists x) (Fx \wedge \sim Gx)$$

Algunos niños no son políticos.

En la proposición "I" = $(\exists x)$ $(Fx \wedge Gx)$, "Fx" es falsa, porque si sustituimos "x" por una constante de individuo, este ejemplo de sustitución será falso, porque no hay niños políticos; es suficiente en una conjunción, que uno de los miembros sea falso, para que la conjunción sea falsa.

En la proposición "O = $(\exists x)$ $(Fx \wedge Gx)$", su primer miembro "Fx" es falso, como vimos anteriormente, lo cual es suficiente para que esta conjunción sea falsa, por lo tanto "I - O" no son subcontrarias, ya que ambas son proposiciones falsas.

"A - I" no son subalternas, porque de la verdad de la proposición universal no se infiere la verdad de la particular, ni de la falsedad de la particular no se infiere la falsedad de la universal, veamos:

$$A = (x)\,(Fx \rightarrow Gx)$$

Todos los niños son políticos.

$$I = (3x)\,(Fx \land Gx)$$

Algunos niños son políticos.

En la proposición "(x) (Fx $\rightarrow$ Gx)", "Fx" es falsa, si sustituimos "x" por una constante individual "c" que representa a "Celedonio", tendremos "Celedonio es niño", lo cual es falso, porque Celedonio no es político, luego el antecedente "Fx" resulta falso y la proposición implicativa resulta verdadera, cualquiera que sea el valor de verdad del consecuente; la proposición universal afirmativa resulta verdadera.

La proposición particular afirmativa "I" = ($\exists$x) (Fx $\land$ Gx) será falsa ya que el antecedente "Fx" es falso como vimos anteriormente, lo cual es suficiente para que la conjunción sea falsa, luego la proposición universal afirmativa es verdadera y la proposición particular afirmativa es falsa, I no se infiere de A, no hay pues subalternación.

Lo mismo ocurre con:

$$E = (x)\,(Fx \rightarrow Gx)$$
$$0 \;= (3\,x)\,(Fx \land \sim Gx)$$

No hay subalternación.

Si no hay ningún individuo "x" que tenga la propiedad "F", las proposiciones universales son verdaderas y las particulares son falsas. En la lógica cuantificacional, esto se puede formular:

$$A = \;\sim (3x)\,Fx \rightarrow (x)\,(Fx \rightarrow Gx)$$
$$E = \;\sim (3x)\,Fx \rightarrow (x)\,(Fx \rightarrow \sim Gx)$$
$$I \;= \;\sim (3x)\,Fx \rightarrow (\exists x)\,(Fx \land Gx)$$
$$O = \;\sim (3x)\,Fx \rightarrow (\exists x)\,(Fx \land \sim Gx)$$

La razón fundamental de esta interpretación del cuadrado de oposición, es que los juicios universales A-E no tienen contenido existencial, no afirman ni niegan categóricamente la existencia de individuos, tienen un carácter hipotético con respecto a la existencia, en cambio, las proposiciones particulares 1-0 tienen contenido existencial, si decimos:

Todos los hombres son económicos.

$(x) (Fx \rightarrow Gx)$

Se afirma que si existen hombres, entonces son económicos, pero no se afirma categóricamente que existan hombres. Esta proposición resulta verdadera, aunque no existan hombres, aunque no haya ningún "x" que satisfaga a "F".

Las proposiciones particulares, en cambio, tienen un carácter categórico con respecto a la existencia, afirman categóricamente existencia, si decimos:

Algunos hombres son económicos.

$(\exists x) (Fx \wedge Gx)$

Se afirma que existen hombres que son económicos.

Es por esta razón que I-O, proposiciones con contenido existencial, no pueden inferirse de A-E, que no tienen contenido existencial. Existe una ley que hace posible las subaltemaciones:

$(x) (Fx \rightarrow Gx) \wedge (\exists x) Fx \rightarrow (\exists x) (Fx \wedge Gx)$

Esta ley añade la fórmula existencial: $(\exists x) Fx$ a la fórmula universal.

La subaltemación A-I, se cumple de la siguiente manera:

$(x) (Fx \rightarrow Gx) \wedge (\exists x) Fx \rightarrow (\exists x) (Fx \wedge Gx)$

La subaltemación E-O, se cumple de la siguiente manera:

$(x) (Fx \rightarrow {\sim}Gx) \wedge (\exists x) Fx \rightarrow (\exists x) (Fx \wedge {\sim}Gx)$

## PROPOSICIONES GENERALES SIMPLES

Son las que tienen un solo predicado y son universales o existenciales. Los cuantificadores se anteponen a fórmulas simples. Con ellas se forma el cuadro de oposición simple.

A = Todo es relativo

(x) Fx          Fx = "x es relativo"

E = Nada es relativo

(x) ~Fx          ~Fx = "x no es relativo"

I = Algo es relativo

($\exists$ x) Fx          Fx = "x es relativo"

O = Algo no es relativo

($\exists$x) ~Fx          ~Fx = "x no es relativo"

Se las puede negar:

No es cierto que todo es relativo.

~ (x) Fx

No es cierto que algo es relativo.

~ ($\exists$x) Fx

## LEYES DE LA LÓGICA CUANTIFICACIONAL

Estas son:

## LEYES DE INTERCAMBIO DE CUANTIFICADORES

(x) Fx = ~($\exists$x) ~Fx

($\exists$x)Fx = ~ (x) ~Fx

~ (x) Fx = ($\exists$x) ~Fx

~ ($\exists$x) Fx = (x) ~Fx

Establecen equivalencias entre cuantificadores universales y existenciales.

Ejemplos:

Todo es relativo = No es cierto que algo no sea relativo

Algo es bueno = No es cierto que nada sea bueno

No es cierto que todo sea alegría = Algo no es alegría

No es cierto que algo sea eterno = Nada es eterno

1.  **LEYES DE OPOSICIÓN ARISTOTÉLICA**

$(x) (Fx \rightarrow Gx) \ =\sim (\exists x) (Fx \wedge - Gx)$

$(x) (Fx \rightarrow -Gx) \ =\sim (\exists x) (Fx \wedge Gx)$

$(\exists x) (Fx \wedge Gx) = \sim (x) (Fx \rightarrow \sim Gx)$

$(\exists x) (Fx \wedge Gx) = \sim (x) (Fx \rightarrow Gx)$

Un cuantificador es equivalente a la negación de su contradictorio.

Ejemplos:

Todos los nevados se están descongelando = No es cierto que algunos nevados no se están descongelando.

Ningún nevado se está descongelando = No es cierto que algunos nevados se están descongelando.

Algunos nevados se están descongelando = No es cierto que ningún nevado se está descongelando.

Algunos nevados no se están descongelando = No es cierto que todos los nevados se están descongelando.

2.  **LEYES DEL SILOGISMO CATEGÓRICO**

Existen diecinueve modos válidos, distribuidos en cuatro figuras, cada figura tiene su propia ley o fórmula cuantificacional. Citaremos dos modos de cada figura.

Primera figura: MP + SM = SP

Bárbara: $M_aP + S_aM = S_aP$

$(x) (Gx \rightarrow Hx). \wedge .(x) (Fx \rightarrow Gx) \rightarrow (x) (Fx \rightarrow Hx)$

A Todos los hombres son imperfectos.

A Todos los policías son hombres A

Luego, todos los policías son imperfectos.

Celarent: $M_eP + S_aM = S_eP$

$(x) (Gx \rightarrow \sim Hx) \wedge (x) (Fx \rightarrow Gx). \rightarrow .(x) (Fx \rightarrow \sim Hx)$

E Ningún ave es mamífero.

A Todos los loros son aves.

E Luego, ningún loro es mamífero.

**Segunda figura:** PM + SM =SP

Cesare: $P_eM + S_aM = S_eP$

(x) (Hx→~Gx).∧.(x) (Fx→Gx).→.(x) (Fx →~Hx)

E Ningún político es sincero.

A Todos los jóvenes son sinceros.

E Luego, ningún joven es político.

Festino: $P_eM + S_iM = S_0P$

(x) (Hx→~Gx) ∧ (3x) (Fx ∧ Gx) .→.(∃x) (Fx ∧ ~Hx)

E Ningún colombiano es camba.

I Algunos cruceflos son cambas.

0    Luego, algunos cruceños no son colombianos.

**Tercera figura: PM + MS = SP**

Datisi: $M_aP + M_iS = S_iP$

(x) (Gx→ Hx)∧(∃x) (Gx∧Fx).→.(∃x) (Fx∧Hx)

A Todos los buenos son felices.

I Algunos buenos son personas hogareñas.

I Luego, algunas personas hogareñas son felices.

Ferison: $M_eP + M_iS = S_0P$

(x) (Gx→~Hx)∧(∃x) (Gx∧Fx).→.(∃x) (Fx∧~Hx)

E Ningún boliviano es ruso.

I Algunos bolivianos son americanos.

O Luego, algunos americanos no son rusos

**Cuarta figura:** PM + MS = SP

Calemes: $P_aM + M_eS = S_eP$

(x) (Hx→Gx).∧. (x) (Gx→~Fx) → (x) (Fx→~Hx)

A Todas las vicuñas son herbívoras.

E Ningún herbívoro come carne.

E Luego, ningún carnívoro es vicuña.

Dimatis: $P_iM + M_aS = S_iP$

(∃x)     (Hx∧Gx) ∧     (x)     (Gx→Fx).→.( ∃x)

(Fx ∧ Hx)

I Algunos empresarios son soñadores.

A Todos los soñadores son personas felices.

I Luego, algunas personas felices son empresarios.

Darapti: $M_aP + M_aS = S_iP$

(x) (Gx→Hx) ∧ (x) (Gx→Fx) ∧ . (∃x) Gx:→: (∃x)
(Fx ∧ Hx)

A Todas las mujeres son controladoras.

A Todas las mujeres son celosas.

I Luego, algunas celosas son controladoras.

Felapton: $M_eP + M_aS = S_oP$

(x) ( G → - Hx) ∧ (x) (Gx→Fx) .∧. (∃x) Gx:→: (∃x)
(Fx ∧ -Hx)

E Ningún perro es lobo.

A Todos los perros son animales domésticos.

O Luego, algunos animales domésticos no son lobos.

Fesapo: $P_eM + M_aS = S_oP$

(x) (Hx→~Gx)   (x) (Gx→Fx) .∧. (∃x) Gx:→: (∃x)
(Fx∧~Hx)

E Ningún redondo es cuadrado.

A Todos los cuadrados son cuerpos de seis lados O Luego,

algunos cuerpos de seis lados no son redondos.

## 3.  LEY DE ESPECIFICACIÓN

(x) Fx→Fy

Si un predicado es verdadero, lo es también de un elemento dado. Esta ley permite obtener proposiciones singulares de proposiciones universales:

Si todo es relativo, entonces no existen verdades absolutas.

Si todos son felices, entonces ustedes son felices.

## 4.  LEY DE PARTICULARIZACIÓN.

Fy→(∃x) Fx

Si un predicado de un elemento dado es verdadero, entonces es verdadero de algo. Esta ley permite obtener proposiciones particulares de proposiciones singulares:

Si Nuestro presidente trabaja duro, entonces algunos seguirán ese ejemplo.

Si me caso, entonces alguna vez tendré hijos.

## LEYES DE DISTRIBUCIÓN DE CUANTIFICADORES

(x) (Fx ∧ Gx) = (x) Fx ∧ (x)Gx

(∃x) (Fx ∨ Gx) = (∃x) Fx ∨ ( ∃x)Gx

El cuantificador universal es distributivo con respecto a la conjunción y el cuantificador existencial es distributivo con respeto a la disyunción.[13]

Todo es maravilloso y asombroso = Todo es maravilloso y todo es asombroso.

Algo es artificial o natural = Algo es artificial o algo es natural.

La primera ley indica que todos los individuos del universo tienen dos propiedades, si y sólo sí, todos tienen la primera y todos tienen la segunda.

---

13 MUÑOZ, Angel. (1992). Lógica simbólica elemental. Venezuela. Pág. 152

La segunda ley indica que existe al menos un individuo que tiene una propiedad u otra, si y sólo si, alguno tiene la primera propiedad o alguno tiene la segunda.

(x) (Fx ∨ Gx) → (x) (Fx Gx)

(∃x) (Fx ∧ Gx) → (ax) Fx ∧ (∃x)Gx

El cuantificador universal no es distributivo con respecto a la disyunción y el cuantificador existencial no es distributivo con respecto a la conjunción, pero se cumplen las respectivas implicaciones.

Si todo es relativo o absoluto, entonces todo es relativo o absoluto.

Si algo es material y objetivo, entonces algo es material y algo es objetivo.

Si todos los individuos tienen una propiedad o todos tienen otra propiedad, entonces todos tienen una u otra propiedad, expresa la tercera ley.

La cuarta ley expresa, que si algún individuo tiene a la vez dos propiedades, entonces algún individuo tiene la primera propiedad y alguno, la segunda propiedad.

**PARA QUE ENTIENDAS MEJOR...**
**I. Simboliza las siguientes proposiciones singulares.**

María es trabajadora.

……………………………………..

Los delfines son inteligentes.

……………………………………..

René es minero y Rogelio es artesano.

……………………………………..

El Madidi es un parque nacional.

……………………………………..

**II. Mediante una línea elige la opción correcta.**

| | |
|---|---|
| Universal afirmativo. | I |
| Universal negativo. | O |
| Particular afirmativo. | A |
| Particular negativo. | E |

**III. Reemplaza formalmente los cuantificadores de las siguientes proposiciones.**

$O = (\exists x)\ (Bx \wedge \sim Ex)$

………………………………………………….

$A = (x)\ \ (Bx \rightarrow Ax)$

………………………………………………….

# CAPÍTULO VIII

## LÓGICA DE RELACIONES

**CONCEPTO**

La lógica de relaciones es aquella rama de la lógica simbólica que estudia aquellos predicados que no se atribuyen a un individuo absolutamente sino en comparación con otro. Establece las relaciones existentes entre las proposiciones cuantificables a partir de la simbolización de sus variables, ya seas diádicos, triádicos o poliádicos

**LÓGICA DE RELACIONES**: Estudia aquellos predicados que no se atribuyen a un individuo absolutamente sino en comparación con otro.

**NATURALEZA DE LAS RELACIONES**

Las relaciones se basan en los esquemas cuantificacionales diádicos, triádicos o poliádicos que tienen dos o más variables de sujetos.

Fxy (diádico)

Jhonny es esposo de María

$\quad$ x $\qquad\qquad$ y = Fxy

Fxyz (triádico)

Javier discutió con un policía por defender a Rosario

$\quad$ x $\qquad\qquad$ y $\qquad\qquad$ z = Fxyz

Para determinar el concepto de relación es necesario utilizar los conceptos de par ordenado y de producto cartesiano.

**PAR ORDENADO**

Son dos elementos dados en un orden determinado. Un par ordenado consta de dos elementos: primero y segundo.

Se escribe: (a, b)

$\qquad$ a = primer elemento

b = segundo elemento Ejemplos:

(1, 2), (a, b), (Rosa, Jazmín).

### Pares ordenados idénticos

Dos pares ordenados son idénticos, solamente cuando el primer elemento de uno es idéntico al primer elemento del otro y el segundo elemento de uno es idéntico al segundo elemento del otro.

Se simboliza: $(a, b) = (c, d) \leftrightarrow (a = c \; b = d)$

Son idénticos: $(1,2) = (1, 2)$, $(a, b) = (a, b)$

Son diferentes: $(1,2) \neq (2, 1)$, $(a, b) \neq (b, a)$

## PRODUCTO CARTESIANO

El producto cartesiano de las clases A y B (A x B) es la clase de todos los pares ordenados (x, y), tales que $x \in A$ y $\in B$.

Se define:

$$(AxB) = \{a, b, / a \in A \wedge b \in B\}$$

Ejemplos:

A = {1, 2} B = {a, b}

Ax B = {(1, a), (1, b), (2, a), (2,b)}

A= {1, 2, 3}                    B = {a, b}
A x B = {(1, a), (1, b), (2, a), (2, b), (3, a), (3, b)}

B x A = {(a, 1), (a, 2), (a, 3), (b, 1), (b, 2), (b, 3)}

## RELACIONES

Nos ocupamos especialmente de las relaciones binarias entre dos elementos y daremos la siguiente definición:

R es una relación de A en B, si es una subclase del producto cartesiano A x B, R c A x B.

Si R c A x B $\rightarrow$ R = {(x, y) $\in$ R / xRy}

La notación abreviada es: x R y

Significa: "x tiene relación con y"

"R" es el elemento relacionante; "x" y "y" son los elementos relacionados.

Una relación binaria es pues, una clase de pares ordenados. Sean las clases:   A = {1, 2, 3} B = {4, 5, 6}, luego

$$R=\{(1,4), (2, 5), (3, 6)\}$$

Pedro debe a Bernardo
x     R     y

## PROPIEDADES DE LAS RELACIONES.

### Reflexividad

Una relación es reflexiva, si todos los elementos de un campo tienen relación consigo mismo.

Se simboliza: (x) xRx

Su definición: R es reflexiva en A$\leftrightarrow$ (x) (x$\in$ A $\rightarrow$ xRx)

Son relaciones reflexivas: "ser semejante a", "ser igual a", "ser idéntico a", "tener la misma edad que".

Sea A = {a, b, c, d}

R = {(a, a), (b, b), (c, c), (d, d), (a, b), (a, c)}

Todos los elementos de A forman pares reflexivos.

### Irreflexividad

Una relación es irreflexiva, si ningún elemento de su campo tiene consigo mismo.

Se simboliza: (x) $\sim$ (xRx)

Su definición: R es irreflexiva en A$\leftrightarrow$(x) x$\in$A$\rightarrow$ $\sim$(xRx)

Son relaciones irreflexivas: "ser padre de", "ser menor

que", "ser mayor que", "estar a la izquierda de".

Sea: A = {1,2,3}

R = {(1, 3), (2, 5), (4, 6)}

No existe ningún par reflexivo.

## No reflexividad

Es la negación de la reflexividad. No es reflexiva ni irreflexiva por naturaleza. No todos los elementos que pertenecen al campo de la relación, tiene relación consigo mismo.

Se simboliza: $\sim (x)\ xRx$

Su definición: $\sim (x)\ (x \in A \rightarrow xRx)$

Son relaciones no reflexivas: "herir a", "estar preocupado por", "ser amigo de", "peinar a".

Sea: A= {a, b, c}

R = {(a, a), (b, b), (b, c)}

$c \in A$ y $(c, c) \notin R$

Es suficiente que falte un par reflexivo correspondiente a un elemento de A, para que la relación sea no reflexiva.

## Simetría

Una relación es simétrica, cuando un elemento x tiene relación con otro elemento y, a su vez, y tiene relación con x.

Se simboliza: $(x)\ (y)\ (xRy \rightarrow yRx)$

Son relaciones simétricas: "ser igual a", "ser paralela a", "ser colega de", "ser semejante a", "ser vecino de", "ser casado con".

Sea: A = {1,2,3}

R = {(1,2), (2, 1), (2, 3), (3,2)}

**R = A x A**

## Asimetría

La relación se produce en un solo sentido, de un elemento

a otro, pero no en sentido inverso; x tiene-relación con "y", pero "y" no tiene relación con x.

Se simboliza: (x) (y) (xRy $\rightarrow$ ~yRx)

Son relaciones asimétricas: "ser padre de", "ser mayor que", "ser menor que", "ser abuelo de".

Sea: A= {1,2, 3,4}

R = {(2, 3), (1,3), (4, 2), (4, 1)}

Ningún par tiene su par simétrico.

**No simetría.**

Es la negación de la simetría. No es una relación simétrica ni asimétrica exclusivamente, sino que puede ser de una u otra clase según las circunstancias.

Se simboliza: ~ (x) (y) (xRy $\rightarrow$ yRx)

Son relaciones no simétricas: "incluido en", "abarcar a", "amar a".

A puede estar incluido en B y B puede estar incluido en A, cuando las clases son iguales; en otras circunstancias, A puede estar incluido en B, pero no a la inversa, cuando las clases no son iguales.

Sea:        A= {1,2, 3,4}

R = {(1,3), (4, 2), (2, 4), (2, 3), (3, 1)}

(2, 3) GR y (3, 2) $\notin$ R

**Antisimetría**

Para todo par de elementos (x, y), si "x" se relaciona con "y" y "y" se relaciona con "x", entonces "x" es igual a "y".

Se simboliza: (x) (y) P [(xRy $\wedge$ yRx) $\rightarrow$ x = y]

Son relaciones asimétricas: "ser mayor o igual que!, "estar incluido en", "ser menor o igual que".

A c B y B c A $\rightarrow$ A = B              (x, y), (y, x) $\rightarrow$ x = y

Sea: A = {1,2,3}

R={(1,2)}

R = {(1, 1), (2, 3), (1,3)}

**Transitividad**

Cuando puede establecerse una relación entre dos elementos por medio de un tercio. Una relación es transitiva, si x se relaciona con y, y se relaciona con z, entonces x se relaciona con z.

Se simboliza: $(x) (y) (z) [(xRy \wedge yRz) \rightarrow xRz]$

Son relaciones transitivas: "menor que", "contemporáneo de", "incluido en", "paralela a", "subordinado a"

4 > 2 y 2 > 1, entonces 4 >1

A c B y B c C, entonces A c C

Sea: A = {1,2, 3,4}

R = {(1,3), (3,2), (1,2), (4, 2)}

**Intransitividad**

No se cumple la anterior relación de dos elementos por medio de un tercero.

Se simboliza: $(x) (y) (z) [(xRy \wedge yRz) \rightarrow \sim xRz]$

Son relaciones intransitivas: "ser padre de", "ser nieto de", "doble de", "cuadrado de", "ser perpendicular a".

Si Manuel es padre de Antonio y Antonio es padre de Inés, no es cierto que Manuel sea padre de Inés.

Si 8 es doble de 4 y 4 es doble de dos, entonces no es cierto que 8 sea doble de dos.

**No transitividad**

Es la negación de la relación transitiva. Una relación es no transitiva, cuando no es transitiva ni intransitiva exclusivamente, sino que puede ser una u otra según las circunstancias.

Se simboliza: $\sim (x) (y) (z) [(xRy \wedge yRz) \rightarrow xRz]$

Son relaciones no transitivas: "ser amigo de", "ayudar a", "amar          a",          "admirar          a".

Sea: A = {1,2,3}

R={(1,2), (3,2), (2,1), (1,3)}

$$(3, 2) \in R \text{ y } (2, 1) \in R, \text{ pero } (3, 1) \in R$$

## Conexidad

Es la relación que se puede establecer entre dos elementos distintos del mismo campo R, es un sentido o en el inverso.[14]

Se simboliza: (x) (y) [(x $\in$ C(R) $\wedge$ y $\in$ C(R) $\wedge$ x $\neq$ y) (xRy $\vee$ yRxz)]

Son relaciones conexas: "mayor que" entre números naturales, "menor que", entre números enteros, "ser colega de", "estar a distancia de".

Sea: A = {2, 7, 9}

R={(2, 9), (2, 7), (9, 7)}

## No conexidad

Es la negación de la conexividad. La relación es no conexa, cuando no existe relación entre elementos distintos del mismo campo R.

Se simboliza: $\sim$ (x) (y) [(x $\in$ C(R) $\wedge$ y $\in$ C (R) $\wedge$ x$\neq$y) (xRy $\vee$ yRx)]

Son relaciones no conexas "admirar a", "ser amigo de", "ser padre de".

Sea: A= {1,2}

R = (1, 1), (2, 2), (3,4)

$$(1,2) \notin Ro(2, 1) \notin R$$

---

14 LAZEROWITZ, Ambrose. (1968). Fundamentos de lógica simbólica. México. Pág. 176

## PARA QUE ENTIENDAS MEJOR...

**I. Transforma de manera literal las relaciones de las siguientes proposiciones.**

Fxy ...............................................................................................

Fxyz ...............................................................................................

**II. Define la relación de los siguientes pares ordenados.**

A = {3,4}  B = {c,d,e}

A x B =  {(     ), (     ), (     ), (     ), (     ), (     )}

A = {1, 2, 3}                    B = {x,y}

A x B = {(     ), (     ), (     ), (     ), (     ), (     )}

B x A = {{(     ), (     ), (     ), (     ), (     ), (     )}

# LÓGICA DIALÉCTICA

# CAPÍTULO I

## INTRODUCCIÓN A LA LÓGICA

### DIALÉCTICA ETIMOLOGÍA

La palabra dialéctica proviene de la voz griega "dialektiké" que significa: diálogo, conversación, discusión y polémica. En ese sentido, la dialéctica representa la búsqueda de la verdad a través del diálogo, la conversación, la discusión y la polémica.

### CONCEPTO

La dialéctica es la ciencia que estudia las leyes más generales del movimiento, de la evolución de la naturaleza, de la sociedad humana y del pensamiento.

### HERÁCLITO DE ÉFESO.

Heráclito es considerado como **"El padre de la dialéctica"** por ser el primero en afirmar, que la contradicción no paraliza sino dinamiza, insinuando que las cosas se empujan unas a otras, oponiéndose entre sí. En toda oposición los términos que se oponen son, cada uno, la negación del otro.

Heráclito de Éfeso pudo observar con mayor claridad la movilidad y la negatividad que hemos sentado como características de la dialéctica. Es bien sabido que **"El Oscuro"**, como le llamaron en su época, adelantaba la idea de que **"todas las cosas son y no son, porque todo fluye, todo está en constante cambio, constantemente naciendo y muriendo"**. Por esta misma razón, "Es imposible sumergirse dos veces en un mismo río".

Esta frase contiene la concepción fundamental de la Dialéctica, de que todo en la naturaleza está en un constante estado de cambio y que este cambio se produce a través de una serie de contradicciones: "La gran idea cardinal de que el mundo no puede concebirse como un conjunto de objetos terminados y acabados, sino como un conjunto de procesos, en el que la cosas que parecen estables, al igual que sus reflejos mentales en nuestras cabezas, los conceptos, pasan por una serie ininterrumpida de cambios, por un proceso de génesis y caducidad".

## CONCEPCIÓN DIALÉCTICA Y SU SIGNIFICADO

Originariamente la dialéctica era considerada como un **método de conversación** o argumentación análoga, a lo que actualmente se llama lógica. En el siglo XVIII el término adquirió un nuevo significado: **"La teoría de los contrapuestos en las cosas o en los conceptos, así como la detección** y **superación de estos contrapuestos"**. De manera más esquemática puede definirse a la dialéctica como el discurso en el que se contrapone una determinada concepción o tradición, entendida como **tesis,** y la muestra de los problemas y contradicciones, entendida como **antítesis.** De esta confrontación surge, un tercer momento llamado **síntesis,** una resolución o una nueva comprensión del problema. Este esquema general puede concretarse como la contraposición entre concepto y cosa en la teoría del conocimiento, a la contraposición entre los diferentes participantes en una discusión y a contraposiciones reales en la naturaleza o en la sociedad, entre otras.

El término **"dialéctica",** adquiere un gran significado en el ámbito de la retórica gracias, a la obra publicada por el filósofo alemán G.W. F. Hegel, que es la **"Fenomenología del espíritu"** (1808), obra que puso al mundo en movimiento, transformando de forma visible lo que había durado siglos. Se trata de los primeros momentos del modo de producción capitalista que, a diferencia de los anteriores, se basa primordialmente en la circulación de las mercancías y del dinero. Entonces el viejo problema filosófico del cambio se agudiza: ¿Cómo entender racionalmente que una cosa pueda cambiar de apariencia y seguir siendo la misma cosa?. Hegel concibe la realidad como formada por opuestos que, en el conflicto inevitable que surge, engendra nuevos conceptos que, en contacto con la realidad, entran en contraposición siempre con algo. Este esquema es el que permite explicar el cambio, manteniendo la identidad de cada elemento, a pesar de que el conjunto haya cambiado.

Con el mismo proceder Karl Marx analizará la realidad social, la entenderá como una realidad conflictiva debido a la contraposición de intereses materiales incompatibles. Así dirá, en el **"Manifiesto Comunista"** (1848), que: **"Toda la historia de la humanidad es la historia de la lucha de clases"**; esto es: **"La confrontación entre clases sociales es el motor del cambio histórico"**.

## EL PODER Y LOS CONOCIMIENTOS

Desde su mismo origen, el conocimiento humano surge, de una forma dialéctica, en lucha contra la ideología dominante, poniendo en duda la veracidad del saber aprendido y la opinión mayoritaria. La filosofía y la ciencia vuelven sobre sus pasos incansablemente, afilando siempre su ingenio crítico frente a los obstáculos que les ponen las clases dominantes.

No obstante, también es cierto; aunque paradójico, que las clases dominantes rinden culto al saber porque les permite preservar su dominio, saber es poder. Exponen y repiten hasta la saciedad los últimos adelantos de la ciencia, pero hay que tener presente que las clases dominantes, silencian cómo ha llegado la humanidad hasta el saber, las vías, los recorridos y los procesos intermedios. Sobre todo, ocultan que se trata más bien de una apropiación del saber en su propio interés, después de un proceso de depuración y codificación del mismo. Antes de apropiarse del pensamiento de Sócrates las clases dominantes tuvieron que asesinarlo. Lo mismo le sucedió a Giordano Bruno dos mil años después. Los matan y luego les roban sus ideas, su herencia intelectual.

Las clases dominantes imponen sus ideas y pensamientos a través de la educación. Existe una ideología dominante porque otra es dominada, es decir, silenciada y reprimida.

La clase dominante pone sellos oficiales al conocimiento, expide títulos académicos para acreditar quién es sabio y quién es ignorante, qué se puede enseñar y qué no. La apropiación del saber le permite que su dominación se asiente sobre bases más firmes y más previsibles.

Como el conocimiento, el poder también es temporal y limitado; pero las clases dominantes necesitan creer que la historia ha llegado a su final y que con ellos al frente, el reloj se detiene para siempre.

El progreso del saber, por tanto, ha sido siempre algo estrechamente ligado a la revolución. El saber evoluciona porque no se conforma con los logros alcanzados, porque es inconformista y crítico frente a la opinión establecida y a quienes la sustentan. Hay conocimientos que reman en contra de la corriente impuesta por la clase dominante; pagando muchas veces la consecuencia del mismo.

## IDEOLOGÍA Y DIALÉCTICA

El progreso del saber sigue un recorrido dialéctico cuyo punto de partida es la ideología dominante. Como consecuencia de ello, en la antigua filosofía griega la dialéctica estaba íntimamente relacionada con la ideología dominante o, por decirlo más exactamente, a la lucha contra la ideología dominante.

Platón considera a la dialéctica como la ciencia más difícil; las demás sirven para adentrarse en el conocimiento de ella, ya que es la más sublime.

La dialéctica es también diálogo, una controversia donde se argumentan y rebaten afirmaciones públicamente. En la antigua Grecia esas afirmaciones aparecen, además, personificadas de una manera literaria, teatral como debates entre personajes que discuten entre sí. En sus diálogos Platón contrapone a los sofistas como interlocutores de Sócrates. A diferencia de Sócrates que personifica la ciencia, los sofistas personifican la ideología de la clase dominante.

La dialéctica desempeña un papel fundamental en el proceso del conocimiento, lo que les obliga a definirla de una manera muy precisa frente a otro tipo de metodologías engañosas y embaucadoras. Con la dialéctica los antiguos filósofos griegos introdujeron el rigor de la demostración, reduciendo la ideología de la clase dominante simplemente a la esfera del saber privado y no público.

## LÓGICA Y DIALÉCTICA

La dialéctica y la lógica forman una unidad, pero se diferencian, porque la lógica reproduce conocimientos ya adquiridos, en cambio la dialéctica ayuda a adquirirlos, los produce.

Platón no desarrolló la lógica; tarea que incumbió a Aristóteles y los estoicos, cuyas nociones perduraron más de dos mil años. A veces se interpreta la lógica de Aristóteles como una lógica formal que versa sobre la forma de la verdad. Pero en este sentido tanto la lógica como la dialéctica serían formales. Tanto la lógica como la dialéctica tienen un contenido, se ocupan de estudiar el pensamiento; pero mientras la primera se ocupa solo del pensamiento, la dialéctica se ocupa de él y de todas las demás formas de movimiento. La dialéctica en ese sentido, tiene un contenido mucho más amplio.

Además la primera es estática y la segunda dinámica. La contradicción tiene una estrecha relación con la evolución y revolución. Por ser estática, en la lógica **no hay contradicción,** mientras que la dialéctica se fundamenta en ella, la lucha de contrarios es su esencia.

Aristóteles insiste en la importancia de la dialéctica como método del saber, que tiene más importancia que el saber mismo. La verdadera sabiduría está en el método. El verdadero saber consiste en argumentar, es decir, en razonar lo sabido frente a terceros, públicamente. El que sabe puede dar razón de su ciencia porque su conocimiento lo ha adquirido a través de una serie de operaciones premeditadas que puede repetir cuantas veces sea necesario; por el contrario, el que no sabe **"no puede dar razón ni a sí mismo ni a los demás".** Además, el que realmente sabe puede seguir avanzando. El que sólo cree que sabe no aprende nunca, porque está conforme consigo mismo, se conforma con lo que ha aprendido y no tiene interés por lo que no sabe. Es algo confortable porque siempre va a encontrar otros como él que repiten lo mismo y con los que se sentirá identificado. No molesta a nadie pero sobre todo, no molesta al poder establecido. La ideología es un saber unilateral en el que el sujeto comparte la opinión dominante que se basa en la aprobación general.

## LA DUDA COMO MÉTODO DIALÉCTICO

El método dialéctico se inicia con la **duda** del saber propio, que adopta la forma de pregunta, de interrogante. La **duda** obliga a pensar al interlocutor, a revisar sus argumentos, le vuelve consciente de sí mismo y de los fundamentos de su conocimiento.

Por el contrario, quien sostiene la ideología dominante **"no se da cuenta de nada"** , vive en un profundo sueño porque su creencia no es más que una costumbre, una rutina. La diferencia entre un sabio y un ignorante, es reconocer con franqueza las limitaciones de su conocimiento.

Cuando no hay duda, hay dogma, y cuando sólo hay duda, hay escepticismo. Pero la ciencia no puede convivir preservando indefinidamente ni el dogma ni la incertidumbre. El método no permite quedarse en ninguna de ambas. La duda quiebra el dogma pero no se introduce para paralizar sino para avanzar. La duda se transforma en negación, en el enfrentamiento consigo misma, que se resuelve de una manera singular, la única solución posible que es, superándose a sí misma.

La historia del conocimiento es la historia del continuo

progreso y avance del conocimiento científico y el continuo retroceso de todos los dogmas ideológicos. La historia del conocimiento demuestra que el conocimiento que se cuestiona avanza y que el conocimiento incuestionable se estanca. La duda es el motor del pensamiento.

## LA ESENCIA DE LA DIALÉCTICA

En la dialéctica la antítesis no vence a la tesis sino que de ambos se obtiene una síntesis que los supera a ambos. Esa síntesis recorre tanto A como su opuesto A y los contiene a ambos en una unidad superior y distinta de ambas. El debate no opone unos argumentos a otros sino consigo mismo, forzándoles a modificar aquellos que nos parezca que no enuncian bien. Hay que poner en evidencia que el contrincante se engaña a sí mismo y que incurre en paradojas.

La esencia de la dialéctica consiste, en que la tesis no se opone a algo diferente, si a algo exactamente igual, aunque de signo diferente. No solo no cambia el argumento sino que tampoco cambia el adversario: se trata de conseguir que el propio hablante cambie su opinión mediante la disputa, es decir, que A se transforme en ~A sin dejar de ser nunca A y tampoco ~A.

## DIALÉCTICA DE LA FILOSOFÍA CLÁSICA ALEMANA

Para Immanuel Kant la sensibilidad tiene como formas a priori el espacio, el tiempo y la razón humana, tiene también anteriores a toda experiencia, un conjunto de categorías para concebir los objetos, siempre que haya fenómenos sobre los cuales ellas puedan actuar. Cuando tal cosa no ocurre, como en el caso de los objetos denominados "metafísicos", el entendimiento deriva en las llamadas antinomias, en las cuales puede demostrarse como verdadera tanto una posición como la contraria, hay argumentos en favor y en contra de las tesis y de sus respectivas antítesis. La solución no puede ser dogmática sino crítica de la razón pura, distinguiendo la

**"cosa en sí"** del mundo fenomenológico, que no existe independientemente de nuestras representaciones.

Para Fichte del **Yo,** del sujeto se deriva todo y de acuerdo con los principios lógicos de la identidad y negación, al afirmarse el **Yo** engendra por oposición el **"no Yo"** y ambos están subordinados a un principio de unidad total. Así como el **Yo** entra en contradicción consigo mismo y posiciona el no **Yo,** elimina esta oposición mediante la limitación de ambos y fluye un proceso infinito y que se formula en la **tríada dialéctica:** tesis, antítesis y síntesis.

El filósofo alemán Hegel aplica el término dialéctica a su sistema filosófico y a su lógica centrada en el devenir, la contradicción y el cambio, que sustituye los principios de identidad y de no contradicción, por los de la transformación incesante de las cosas y la unidad de los contrarios. Hegel pensaba que la evolución de la idea se produce a través de un proceso dialéctico, es decir, un concepto se enfrenta a su opuesto y como resultado de este conflicto, se alza un tercero, la síntesis. La síntesis se encuentra más cargada de verdad que los dos anteriores opuestos. La obra de Hegel se basa en la concepción idealista de una mente universal que, a través de la evolución, aspira a llegar al más alto límite de autoconciencia y de la libertad.

**La lógica dialéctica hegeliana,** sin referimos a las demás regiones del conocimiento, aunque, según Hegel, también son movimiento de unas u otras categorías creadas por el mismo espíritu mundial, es una ciencia desarrollada sistemáticamente en la cual se da un cuadro completo y sustancioso de las formas generales del movimiento de la dialéctica. Hegel tenía toda la razón desde su punto de vista, cuando dividía la lógica dialéctica en ser, esencia y concepto. El ser es la primera y más abstracta definición del pensamiento. Se concreta en las categorías de calidad, cantidad y medida (entendiendo por esta última la cantidad determinada cualitativamente y la calidad limitada cualitativamente). Hegel comprende su calidad como el ser inicial que después de su agotamiento pasa al no ser, y la formación como síntesis dialéctica del ser y no ser (por cuanto en cualquier formación el ser surge siempre, pero en ese mismo momento se destruye). Después de agotar la categoría del ser, Hegel examina ese mismo ser, pero ya oponiéndolo a sí mismo. De manera natural, de aquí nace la categoría de esencia del ser, y en esta esencia, Hegel, siempre de completo acuerdo con sus principios, encuentra la esencia por sí misma, su aparición y la síntesis dialéctica de la esencia inicial y el fenómeno en la categoría de realidad. Con esto se agota su esencia. Pero la esencia no puede permanecer apartada del ser. Hegel estudia el grado de la lógica dialéctica en el que figuran las categorías que contiene en sí por igual el ser y la esencia. Es el concepto. Hegel era idealista absoluto y por esta razón es en el concepto donde encuentra la expansión máxima del ser y de la esencia. Examina su concepto como sujeto, como objeto y como idea absoluta; la categoría de su lógica dialéctica es la idea y lo absoluto. Además, el concepto hegeliano se puede interpretar como lo hizo Engels, de un modo materialista: como naturaleza general de las cosas, o, como lo hizo Marx, como ley general de la producción, o, como lo hizo Lenin, como conocimiento.

En Hegel tenemos la cumbre de toda la filosofía occidental en el sentido de la creación de la lógica de la formación, cuando todas las categorías lógicas son tomadas invariablemente en su dinámica y en su generación recíproca, y cuando las categorías, aunque producto exclusivo del espíritu, como tal principio objetivo en el que se hallan representadas la naturaleza, la sociedad y toda la historia.[15]

El filósofo alemán Karl Marx aplicaba el concepto de dialéctica a los procesos sociales y económicos. El llamado materialismo dialéctico de Marx es con frecuencia

---

15 CARRANZA, Luis. (1995). Antropología filosófica. Bolivia. Pág. 118

considerado como una revisión del sistema hegeliano. Este proponía una solución a un problema generalizado de extremos económicos por medio de los tres conceptos: **tesis, antítesis** y **síntesis.** La primera era la fuente del problema en este la propiedad del capital concentrada en la clase burguesa. La segunda la clase proletaria creadora del valor con su trabajo y despojada de todo medio de producción. Estas dos darán como síntesis el comunismo, la propiedad social de los medios de producción.

## MATERIALISMO DIALÉCTICO

El materialismo dialéctico proporciona a los investigadores el único método científico de pensar, el método de conocimiento adecuado a las leyes del mundo objetivo. En cuanto al materialismo dialéctico, trata de las leyes más generales del movimiento y desarrollo del ser y del pensamiento, el conocimiento de las leyes universales a su vez, sirve de base y guía para el estudio de las leyes específicas.

Cada ciencia se basa en los resultados del conocimiento de las leyes universales del desarrollo como principio metodológico. El único método científico para el conocimiento y transformación de la realidad es la dialéctica materialista... "ya que es la única que nos brinda la analogía y, por tanto, el método para explicar los procesos de desarrollo de la naturaleza, para comprender, en sus rasgos generales, sus nexos y el tránsito de uno a otro campo de investigación" (Dialéctica de la Naturaleza)

La tesis del materialismo dialéctico de que la materia es lo primario y la conciencia lo secundario, se diferencia del materialismo anterior al marxismo en que se incluye el reconocimiento del carácter primario del ser social y del carácter secundario de la conciencia social. Por ser social el marxismo entiende el proceso real de la vida de los hombres, el trabajo, el proceso de producción de los bienes materiales, las relaciones que se establecen entre los hombres en el proceso de producción, etc. Por conciencia social entiende las concepciones políticas, filosóficas, jurídicas y artísticas; la moral, la ciencia y la religión.

**PARA QUE ENTIENDAS MEJOR...**

**I. Responde las siguientes preguntas.**

¿Qué es la dialéctica?

R......................................................................................................

..........................................................................................................

..........................................................................................................

..........................................................................................................

¿Quién es considerado el padre de la dialéctica?

R......................................................................................................

..........................................................................................................

¿Quién es el creador de la tríada dialéctica: tesis, antítesis y síntesis?

R......................................................................................................

..........................................................................................................

**II. De un ejemplo de la aplicación de la tesis, antítesis y síntesis en la vida real.**

R......................................................................................................

..........................................................................................................

..........................................................................................................

..........................................................................................................

..........................................................................................................

..........................................................................................................

..........................................................................................................

..........................................................................................................

# CAPÍTULO II

## NATURALEZA DE LA LÓGICA DIALÉCTICA

### CONTRADICCIÓN Y DIALÉCTICA

La dialéctica es conocida también como la lógica del movimiento y de la contradicción, porque sale de la esfera de los pensamientos para actuar junto a la realidad exterior, como una solución más al problema del conocimiento.

La dialéctica se aboca a estudiar las leyes que rigen las cosas reales, aquellas que están aquí o allá, con todo el poder de su individualidad, y en medio de las cuales el hombre se sumerge como otro ente cualquiera, para trabajar con ellas, obrar en uno u otro sentido, y así darse cuenta de su propia existencia por la acción que desarrolla.

A estas cosas que existen independientemente de todo sujeto pensante, corresponden como categoría ónticas principales: el ser, la realidad en sentido estricto o material, la causalidad y sobre todo la temporalidad. La sola existencia de la materia implica tiempo (el tiempo es la forma propia de existencia de la materia), movimiento, mutación y cambio constante de la forma particular de su existencia.

Para la dialéctica no hay en el mundo real propiedades inmutables, por eso para la ciencia y la filosofía orientadas en esta dirección, no puede haber leyes finales, absolutas y eternas, que, una vez logradas, sólo queda almacenarlas en la memoria como una prueba de un saber agotado. **No hay nada eterno para la dialéctica, excepto la materia, la energía y el eterno cambio que es la única realidad absoluta,** y en vez de cerrar el paso a toda otra investigación, abre las puertas al estudio de la naturaleza y de la sociedad.

### DESARROLLO DE LA LÓGICA DIALÉCTICA

La lógica dialéctica no puede quedar al margen de las leyes que formula y que tienen validez universal, siendo el resultado del esfuerzo cognoscitivo del hombre a través de toda la historia. La lógica dialéctica al ser la ciencia de las leyes generales del desarrollo de la naturaleza, de la sociedad humana y del pensamiento, ha pasado también por fases sucesivas de desarrollo, que significa haber pasado por un proceso de doble negación. Estas fases son: la dialéctica de la sucesión, representada por los filósofos miletanos y por Heráclito; dialéctica de la coexistencia, representada por Platón; y dialéctica de la sucesión y de la coexistencia cuyos altos representantes son Hegel y Marx.

## LÓGICA FORMAL Y LÓGICA DIALÉCTICA

La **Lógica Formal** tiene mucho que ver con el pensamiento simbólico, en cuanto es vacía de sentido. Podemos decir que se parece en gran medida a la gramática ya que se interesa sólo en las formas. Ella, la Lógica Formal, corre el riesgo de transformarse en un formalismo **"cuando la forma se toma totalmente aislada del contenido"** Al igual que la gramática, la Lógica Formal tiene un uso necesario dado que estructura el pensamiento de tal manera que la razón puede distinguir lo verdadero de lo falso.

La **Lógica Dialéctica** va más allá de lo aparente, porque es el principio de unidad de las contradicciones". Por ser dicha contradicción síntoma de la realidad, es Dialéctica y no formal. **"No hay nada en el universo que no sea un estado intermedio entre el ser y la Nada",** dice Hegel. La lógica dialéctica tiene sus debilidades también. No es ajena a llevar ilusiones, mentiras e ideologías, entre otras cosas. Por eso la verdad absoluta se escapa de la realidad.

## DIRECCIONES DE LA LÓGICA DIALÉCTICA

A lo largo de la historia la lógica dialéctica ha seguido dos direcciones: una materialista y otra idealista.

## LÓGICA DIALÉCTICA MATERIALISTA

Las primeras interpretaciones dialécticas, sobre todo en la antigua Grecia, fueron esencialmente materialistas; pues para los filósofos de aquella época, el primer elemento del mundo fue la materia concreta (tierra, agua, fuego y aire), o una substancia aunque indefinida como el apeirón. Esta dialéctica representada por Tales, Anaximadro , Anaxímenes (Escuela de Mileto), Heráclito, Anaxágoras y Demócrito intentaron llegar a un conocimiento cabal de la naturaleza, es una dialéctica espontanea cuyos principios y fórmulas, sobre la mutabilidad de la realidad exterior y el cambio de las cosas con las máximas: **"Todo fluye y todo cambia"; "No se puede entrar dos veces en el mismo río",** son arrancados de la realidad viviente, y si bien alcanzan el constante cambio que fue intuido, no alcanzan a explicar las causas del movimiento y de la evolución.

Ya en el siglo XVIII, con Marx y Engels la dialéctica vuelve sobre su primera dirección materialista. Esto debido a que antes de estos dos filósofos, **Hegel desarrollo una dialéctica idealista.**

Los rasgos fundamentales son los mismos para ambas direcciones, pues Marx y Engels toman de Hegel la médula racional de su dialéctica, pero no su dirección idealista que resulta ser insuficiente para la explicación científica de la naturaleza y la sociedad. La dialéctica da una explicación científica y la razón de ser de los procesos históricos que son justificados por el modo de producción de bienes materiales.

Marx y Engels parten del criterio de que el mundo es algo material, y explica los fenómenos de la naturaleza como formas de ser de la materia que está en constante movimiento.

El movimiento de la materia es la base de todos los fenómenos que con variadísimas formas se presentan en la naturaleza; materia y movimiento son lo único eterno e indestructible dentro del proceso dialéctico. La materia y el movimiento no son independientes entre sí, su existencia depende uno del otro.

## LÓGICA DIALÉCTICA IDEALISTA

La dialéctica idealista de Hegel representa la antítesis de la dialéctica materialista de los griegos. Por encima de la realidad objetiva de la naturaleza, sitúa Hegel a la idea absoluta, independientemente de la naturaleza y del hombre. Cuando se dice que el pensamiento constituye el principio interno del Universo, no es que la actividad interna de las cosas sea pensamiento, porque es precisamente por el pensamiento que el hombre se distingue de las cosas de la naturaleza. Cuando se dice que la razón está en el mundo, como substancia universal tanto de las cosas exteriores como del espíritu, se trata de la idea objetiva que es el alma del mundo. La dialéctica considera la naturaleza íntima de las cosas y el tránsito inmanente de un término a otro por su propia negación.

Es Hegel quién ha sentado las leyes fundamentales de la dialéctica y le ha dado, con ellas, su forma casi definitiva. Lo que posteriormente se ha hecho a favor de esta ciencia, como en el caso de Marx y Engels, ha sido cambiar su dirección; pero todo sobre la estructuración medular de la dialéctica idealista de Hegel.

## LA DIALÉCTICA COMO LÓGICA Y COMO TEORÍA DEL CONOCIMIENTO

La lógica dialéctica no es otra cosa sino la historia y el proceso del conocimiento en su elaboración lógica. Junto a la lógica dialéctica existe la lógica formal, la cual estudia las leyes de relación entre las premisas y las conclusiones y las leyes de la demostración. El materialismo dialéctico se apoya en el análisis de las categorías en los principios de la teoría marxista-leninista del reflejo y de la dialéctica. El estudio y la exposición de las categorías y leyes del materialismo dialéctico debe partir de la unidad de los métodos lógicos e históricos, lo cual a su vez, expresa la lógica objetiva de las relaciones de las cosas y su desarrollo, el desenvolvimiento en relación con la complicación de sus relaciones, ya que, según Marx: **"La marcha del pensamiento abstracto, que asciende de lo más simple a lo complejo, corresponde al proceso histórico real"**.

En la base del sistema de la dialéctica materialista que se desenvuelve históricamente, debe ser colocada una categoría que no necesite de premisa alguna y que ella misma constituya la premisa de partida para la investigación de las categorías restantes. Así es la categoría de materia. A ella le siguen las formas fundamentales de existencia de la materia: **movimiento, espacio** y **tiempo.** Los diversos estados de la materia se conocen sólo a través del movimiento.

La **calidad** es el rasgo específico del objeto dado, su peculiaridad lo diferencia de los otros objetos. **El** proceso de conocimiento se realiza de tal modo que la conciencia de la **calidad** antecede al conocimiento de la **cantidad. Al** mismo tiempo que descubre la determinación cualitativa y cuantitativa de las cosas, el hombre establece su **diferencia** y su **identidad,** que son uno de los escalones elementales del conocimiento.

Todos los objetos poseen aspectos exteriores que se alcanzan directamente con la sensación y la percepción, el conocimiento de los cuales se alcanza por vía mediata, mediante el pensamiento abstracto. Esta diferencia de los grados de conocimiento se expresa en las categorías de lo externo y lo interno.

Sin una noción elemental de los nexos causales, es imposible la actividad práctica del hombre encaminada a un fin. En el proceso ulterior de desarrollo del pensamiento, el hombre empezó a comprender que la causa no se limita a generar la acción, sino que la supone en la calidad de acción contraria. Al diferenciarse, la causa y el efecto no son dos formas distintas e independientes de existencia. Toda acción es **interacción.**

El conocimiento profundo de los vínculos objetivos y de la interacción de las cosas es resultado de un largo desarrollo de la práctica social y del pensamiento; los vínculos más simples de las cosas fueron objeto del reflejo en la conciencia humana ya en la primeras fases de su desarrollo ya que sin el conocimiento sería imposible la actividad productiva. La interacción de los objetos entre sí y de los distintos aspectos o momentos dentro del objeto, que se expresa en la contradicción, en la lucha de contrarios, es la causa universal, residente en la naturaleza de las cosas, de su cambio y desarrollo, los cuales transcurren no a consecuencia de un impulso de fuera como acción unilateral, sino en virtud de la interacción y de la **contradicción.**

La interacción práctica de los hombres con un gran número de cosas semejantes y diversas llevó a descubrir los signos individuales, particulares y generales de las mismas; esto sirvió de base para la elaboración de las categorías de la **individual, lo particular y lo general.**

Ahora, la **realidad** es resultado del proceso de desarrollo de los objetos y procesos de la naturaleza y de la vida social, el grado concreto de desarrollo de los fenómenos, resultado de la aparición del ser presente a partir de la posibilidad real. La posibilidad es el ser potencial, interno, del objeto que se revela. La realidad es más rica que la posibilidad, puesto que esta última no es sino uno de los momentos de la realidad.

Las leyes universales fueron descubiertas por la generalización de las leyes de orden parcial. Las leyes más generales de la dialéctica materialista son: **unidad** y **lucha de contrarios, paso de los cambios cuantitativos a los cualitativos** y **negación de la negación.**

**La ley del paso de los cambios cuantitativos a cualitativos** muestra el modo cómo se realiza la aparición de lo nuevo. Pero no revela toda la esencia del proceso de desarrollo, no nos dice qué es la fuerza motriz, la fuente del desarrollo. La fuerza motriz del desarrollo viene expresada por la **ley de la unidad y la lucha de contrarios.**

Según esta ley, los objetos y fenómenos del mundo objetivo, en el proceso de su desarrollo que se desprende de la interacción y contradicción entre los distintos objetos y fenómenos, pasan del estado de diferencia no advertida y no esencial de los aspectos que integran el fenómeno dado a las diferencias esenciales de los aspectos del todo y a los contrarios, los cuales se manifiestan entre sí en contradicción, en lucha, que es la fuente interna de desarrollo de dicho fenómeno.

Cualquier desarrollo es un proceso dirigido de manera determinada. Este aspecto del desarrollo viene expresado por la **ley de la negación de la negación.** Cada fenómeno es relativo y, en virtud de su naturaleza finita, pasa a ser otro fenómeno, el cual, en determinadas condiciones, puede convertirse en el contrario del primero y negarlo. La negación es no sólo la negación de lo viejo, sino la afirmación de lo nuevo. Como resultado de esta creciente negación de la negación se obtiene el movimiento del objeto de lo simple a lo complejo, de lo inferior a lo superior, con elementos de repetición de etapas pasadas, de retrocesos temporales, etc.

Cada momento de desarrollo, por mucho que se diferencie del anterior, procede de él, es resultado de su desarrollo, por lo cual lo incluye y conserva en sí en un aspecto transformado. De ahí se desprende una importante exigencia al conocimiento científico, que se manifiesta en calidad de método:

**El conocimiento histórico únicamente puede ser fecundo cuando cada momento del desarrollo histórico es considerado como resultado del momento precedente y en relación orgánica con él.**[16]

---

16 MARNECKER, Martha. (1971). Los conceptos elementales del materialismo histórico. Colombia. Pág. 112

**PARA QUE ENTIENDAS MEJOR...**

**Responde las siguientes preguntas.**

¿Cuáles son las dos direcciones que toma la lógica dialéctica?

R...............................................................................................

.....................................................................................................

¿Cómo se genera  el conocimiento para la lógica dialéctica?

R...............................................................................................

.....................................................................................................

.....................................................................................................

.....................................................................................................

¿Para Marx, como se genera el desarrollo de las sociedades a través de la contradicción.

R...............................................................................................

.....................................................................................................

.....................................................................................................

.....................................................................................................

.....................................................................................................

¿Qué es la realidad para la lógica dialéctica?

R...............................................................................................

.....................................................................................................

# CAPÍTULO III

## LAS LEYES DE LA DIALÉCTICA

El materialismo dialéctico nos propone una interpretación de la realidad, concebida como un proceso material en el que se suceden una variedad infinita de fenómenos, a partir de otros existentes con anterioridad. Esta sucesión, no se produce al azar o arbitrariamente, ni se encamina hacia la nada o al absurdo: todo el proceso está regulado por leyes que determinan su evolución desde las formas más simples a las más complejas, y que afectan a toda la realidad, natural y humana (histórica).

Este ciclo eterno en el que se mueve la materia, un ciclo que únicamente cierra su trayectoria en períodos para los que nuestro año terrestre no puede servir de unidad de medida, un ciclo en el cual el tiempo de máximo desarrollo, el tiempo de la vida orgánica y, más aún, el tiempo de vida de los seres conscientes de sí mismos y de la naturaleza, es tan parcamente medido como el espacio en que la vida y la autoconciencia existen; un ciclo en el que cada forma finita de existencia de la materia es igualmente pasajera y en el que no hay nada eterno salvo que sea la materia, que está en eterno movimiento y transformación, debido a las leyes que la rigen.

Las leyes según las cuales la materia se mueve y se transforma son **leyes dialécticas.** Al igual que ocurre con la dialéctica hegeliana, que es simultáneamente un método y la expresión misma del dinamismo de la realidad, la dialéctica de Marx y Engels encerrará ese doble significado. No se puede convertir, sin embargo, la dialéctica en un proceso mecánico, en el que se suceden los tres momentos del movimiento (tesis, antítesis y síntesis), porque **"la dialéctica es la ciencia que estudia las leyes generales del movimiento y la evolución de la naturaleza, la sociedad humana y el pensamiento".**

La dialéctica nos ofrece, pues, leyes generales, no la particularidad de cada proceso. Estas leyes son el fundamento de toda explicación de la realidad, pero también afectan a toda la realidad (naturaleza, sociedad, pensamiento), siendo objetivas e independientes de la naturaleza humana.

## LEYES DE LA DIALÉCTICA

Estas leyes son: Ley de la unidad y lucha de contrarios, Ley de transición de lo cuantitativo a lo cualitativo y Ley de negación de la negación o desarrollo progresivo.

## LEY DE LA UNIDAD Y LUCHA DE CONTRARIOS

Todo cambia completamente en cuanto consideramos las cosas en su movimiento, su transformación, su vida, y en sus recíprocas interacciones. Entonces tropezamos inmediatamente con contradicciones. El mismo movimiento es una contradicción; ya el simple movimiento mecánico local no puede realizarse sino porque un cuerpo, en uno y el mismo momento del tiempo, se encuentra en un lugar y en otro, está y no está en un mismo lugar. Y la continua posición y simultánea solución de esta contradicción es precisamente el movimiento.

"Si el simple movimiento mecánico local contiene en sí una contradicción, ello puede afirmar las formas superiores del movimiento de la materia, y muy especialmente de la vida orgánica y de su evolución. La vida consiste precisamente en que un ser es en cada momento el mismo y otro diverso. La vida, por tanto, es también una contradicción presente en las cosas y los hechos mismos, una contradicción que se pone y resuelve constantemente; y en cuanto cesa la contradicción, cesa también la vida y se produce la muerte.

Siguiendo los pasos de Heráclito y Hegel, Marx y Engels consideran que la realidad es esencialmente contradictoria. Todos los fenómenos que ocurren en la Naturaleza son el resultado de la lucha de elementos contrarios, que se hallan unidos en el mismo ser o fenómeno, siendo la causa de todo movimiento y cambio en la Naturaleza, en la sociedad y en el pensamiento. Con esta ley se explica pues, el origen del movimiento.

Entre los argumentos que se aportan para justificar esta explicación predominan los procedentes de las ciencias (Física, Ciencias naturales, Matemáticas, Economía), pero también de la historia y de la filosofía. Entre las parejas de contrarios se pueden dar: atracción y repulsión, movimiento y reposo, propiedades corpusculares y ondulatorias, herencia y adaptación, excitación e inhibición, lucha de clases, materia y forma, cantidad y calidad, sustancia y accidentes.

## LEY DE TRANSICIÓN DE LO CUANTITATIVO A LO CUALITATIVO

La alteración cuantitativa modifica la cualidad de las cosas, la cantidad se muta en cualidad y viceversa. El hecho de que la cooperación de muchos, la fusión de muchas fuerzas en una fuerza total, engendra, una **"nueva potencia de fuerza"** esencialmente diversa de la suma de sus fuerzas individuales.

Hablamos de cambio cualitativo cuando una cosa se transforma en otra que es esencialmente distinta. ¿Por qué unas cosas se transforman en otras que tienen propiedades diferentes a las de las cosas de las que proceden? Según la ley de transición de la cantidad a la cualidad, el aumento o disminución de la cantidad de materia influye en la transformación de una cosa en otra distinta. La acumulación o disminución de la materia es progresiva, mientras que el cambio de cualidad supone una modificación radical de la cosa, **una revolución.** Con esta ley se explica el desarrollo de los seres y los fenómenos naturales, sociales, etc.

Todos los objetos de la Naturaleza poseen determinadas características, por lo que su esencia, su cualidad, es inseparable de los aspectos cuantitativos. Cuando una cosa pasa de poseer una cualidad a poseer otra, hablamos de "salto cualitativo". Como todo movimiento es el resultado de la lucha de elementos contrarios, el salto cualitativo supone la resolución de una contradicción, que da lugar a una nueva realidad, que representa un avance en el desarrollo de la Naturaleza. El salto cualitativo no supone el mero cambio de una cualidad por otra, sino por otra que supera, de alguna manera, a la anterior.

## LEY DE NEGACIÓN DE LA NEGACIÓN O DESARROLLO PROGRESIVO

En la dialéctica, negar no significa simplemente decir no, o declarar inexistente una cosa, o destruirla de cualquier modo. Toda determinación o delimitación es negación. No sólo tengo que negar, sino tengo que superar luego la negación.

Para realizar una negación de otra negación, se debe tomar en cuenta que esto debe servir, para que la materia que es parte de la realidad, este en constante movimiento y cambio. Toda especie de cosas tiene su modo propio de ser negada de tal modo que se produzca de esa negación su desarrollo, y así también ocurre con cada tipo de representaciones y conceptos".

La ley de negación de la negación completa la anterior, explicando el modo en que se resuelve la contradicción, dando paso a una realidad nueva que contiene los aspectos positivos de lo negado. **El primer momento** del movimiento dialéctico, el de la afirmación, supone la mera existencia de una realidad; **el segundo momento,** el de la negación, supone la acción del elemento contrario que, en oposición con el primer momento, lo niega. **El tercer momento,** negando al segundo, que era ya, a su vez, la negación del primero, representa el momento de la reconciliación, entre la **tesis** y la **antítesis** siendo este momento la **síntesis,** que recoge lo positivo de los dos momentos anteriores.[17]

Una vez alcanzado este estadio del movimiento nos encontramos ante una nueva realidad que entrará de nuevo en otro ciclo de transformación dialéctica, dando lugar, así, al desarrollo progresivo de la Naturaleza, de la sociedad humana y del pensamiento. Un desarrollo que se dirige hacia formas más completas, más perfectas y más integradoras de la realidad.

17 MANZANO, Henry. (2010). Filosofía Interpretada y revolucionaria. Bolivia. Pág. 89

**PARA QUE ENTIENDAS MEJOR...**
**Responde las siguientes preguntas.**

¿Explique la ley de la unidad y lucha de contrarios?

R. ......................................................................................

......................................................................................

......................................................................................

......................................................................................

......................................................................................

......................................................................................

¿Explique la ley del cambio de lo cuantitativo a lo cualitativo?

R. ......................................................................................

......................................................................................

......................................................................................

......................................................................................

......................................................................................

......................................................................................

¿Explique la ley de negación de la negación?

R. ......................................................................................

......................................................................................

......................................................................................

......................................................................................

......................................................................................

......................................................................................

# CAPÍTULO IV

## LA DIALÉCTICA HEGELIANA

El nacimiento de la dialéctica señaló una nueva etapa en el proceso de la lógica. La dialéctica ha asimilado y ha reelaborado sobre una base materialista todos los resultados valiosos obtenidos por la filosofía precedente, sobre todo por la dialéctica de Hegel que es la expresión más clara y resuelta de la entrada en la nueva etapa del desenvolvimiento histórico de la lógica, la etapa de la **lógica dialéctica.**

La dialéctica rompió los estrechos horizontes de la lógica formal y forjó el método de la investigación multilateral del conocimiento desde el punto de vista del reflejo más completo y profundo del mundo objetivo en desarrollo.

## PADRE DE LA DIALÉCTICA

Hegel es conocido como el **"Padre de la lógica dialéctica",** por determinar las leyes más generales de la dialéctica.

## LA CONTRADICCIÓN COMO ESENCIA DE LA DIALÉCTICA

El acto mismo del conocimiento es la introducción de la contradicción. **El principio del tercero excluido, "Algo o es A o no es A",** es la proposición que quiere rechazar la contradicción y al hacerlo incurre precisamente en contradicción: **A debe ser +A ó -A,** con lo cual ya queda introducido el tercer término, **A que no es ni + ni -** y por lo mismo es +A y -A. Una cosa es ella misma y no es ella, porque en realidad toda cosa cambia y se transforma ella misma en otra cosa.

Todas las cosas son contradictorias en sí mismas y ello es profundo y plenamente esencial. La identidad es la determinación de lo simple inmediato y estático, mientras que la contradicción es la raíz de todo movimiento y vitalidad, el principio de todo automovimiento y solamente aquello que encierra una contradicción se mueve.

La imaginación comente capta la identidad, la diferencia y la contradicción, pero no la transición de lo uno a lo otro, que es lo más importante, cómo lo uno se convierte en lo otro.

Causa y efecto son momentos de la dependencia recíproca universal, de la conexión y concatenación recíproca de los acontecimientos, eslabones en la cadena del desarrollo de la materia y la sociedad: **"La misma cosa se presenta primero como causa** y **luego como efecto".** Es necesario hacer conciencia de la intercausalidad, de las leyes de conexión universal objetiva, de la lucha y la unidad de los contrarios y de las transiciones y las transformaciones de la naturaleza y la sociedad. La totalidad, de todos los aspectos del fenómeno, de la realidad, de los fenómenos y de sus relaciones recíprocas, de eso está compuesta la verdad.

La realidad es la unidad de la esencia y la existencia. La esencia no está detrás o más allá del fenómeno, sino que por lo mismo la esencia existe, la esencia se concreta en el fenómeno. La existencia es la unidad inmediata del ser y la reñexión. **Posibilidad** y **accidentalidad** son momentos de la realidad puestos como formas que constituyen la exterioridad de lo real y por tanto son cuestión que afecta el contenido, porque en la realidad se reúne esta exterioridad con la interioridad en un movimiento único y se convierte en necesidad y así lo necesario es mediado por un cúmulo de circunstancias o condiciones.

La cantidad se transforma en cualidad y los cambios se interconectan y provocan los unos con los otros. La matemática no ha logrado justificar estas operaciones que se basan en la transición, porque la transición no es de naturaleza matemática o formal, sino dialéctica.

Las determinaciones lógicas anteriormente expuestas, las determinaciones del ser y la esencia, no son meras determinaciones del pensamiento. La lógica del concepto se entiende ordinariamente como ciencia solamente formal, pero si las formas lógicas del concepto fueran recipientes muertos, pasivos, de representaciones y pensamientos, su conocimiento sería superfluo; pero en realidad son como formas del concepto, el espíritu vivo de lo real y por tanto se requiere indagar la verdad de estas formas y su conexión necesaria.

El método del conocimiento no es una forma meramente exterior, sino que es alma y concepto del contenido. Por lo que se refiere a la naturaleza del concepto el análisis es lo primero, porque debe elevar la materia dada a la forma de abstracciones universales, las cuales mediante el método sintético son puestas como definiciones. El análisis resuelve el dato concreto, aísla sus diferencias y les da forma de universalidad, poniendo de relieve un universal concreto. Esta universalidad también es determinada mediante la síntesis del concepto en sus formas y en sus definiciones.

La actividad humana une lo subjetivo con lo objetivo. El fin subjetivo se vincula con la objetividad exterior a él, a través de un medio que es la unidad de ambos, esto es la actividad conforme al fin. Así, como el hombre ejerce poder sobre la naturaleza exterior a través de sus herramientas, también en lo que respecta a sus fines se encuentra con frecuencia sometido a sus herramientas. Hegel llevó este método de razonamiento hasta sus últimas consecuencias en la **"Fenomenología del Espíritu"** y en otras obras suyas que influyeron mucho no sólo en la filosofía posterior a él, sino en la concepción de la historia y de la política.

Para Hegel toda la realidad tiene un sentido lógico: **"Lo que existe, no existe caprichosamente, sino que responde a una necesidad interna de todas las cosas, que las hace ir evolucionando, cambiando"** según una dialéctica de oposición de los extremos: Una cosa, una idea, una circunstancia histórica cualquiera, pueden ser tomadas como una posición, o sea como una tesis. Como ninguna cosa ni idea es completa y perfecta, frente a esa posición surge una que se le opone, la oposición, o sea la antítesis. De la confrontación o el encuentro entre estos dos opuestos surge la composición, o sea la síntesis, que supera ambas posiciones anteriores, y alcanza una nueva y más completa posición que incluye a las dos anteriores, pero que está abierta a su vez a una nueva oposición, con lo que la evolución de la realidad, del mundo, de la historia, de lo que sea, nunca se detiene.

## LA DIALÉCTICA DEL AMO Y DEL ESCLAVO

Cuando se aplica la dialéctica a las relaciones sociales y personales, necesariamente se debe tocar: "La dialéctica del amo y del esclavo" de Hegel, que se aplica perfectamente a los procesos de tesis, antítesis y síntesis, en diferentes realidades sociales. En este caso, aparecen las relaciones de poder que son el tema de su estudio. En toda organización humana, en toda institución o aún en cada parte de una institución, aparece la tendencia de algunas personas o grupos de afirmarse como tesis y ejercer el poder sobre los demás, que pasan a ser la antítesis con su posición, ya sea a través del diálogo, la colaboración, la resistencia y la lucha más o menos solapada, con todos sus condimentos de murmuraciones, mentiras, injurias, calumnias, hostilidades, actitudes deshonestas, etc. Lo cierto es que un sector tiene el látigo en sus manos, **el amo** y el otro recibe los latigazos, **el esclavo.**

Lo más importante es que el hecho de estar sometido al poder de los jefes, autoridades y superiores, no convierte necesariamente al esclavo en una buena persona, que sólo sufre y despierta nuestra compasión y simpatía, sino que el individuo o el grupo dominado, la antítesis de la tesis representada por el individuo o el grupo dominante- trata de encontrar la manera de hacerse a su vez con el poder, con el látigo, no sólo por un comprensible deseo de venganza o revancha, sino por exigirlo así la dialéctica de los acontecimientos, que no está en manos de los amos ni de los esclavos, sino que es una consecuencia inevitable de la dialéctica del espíritu absoluto que se piensa a sí mismo a través de ellos. Esta superposición del esclavo sobre el amo, se logra debido a que el esclavo trabaja, y al trabajar logra su realización; mientras que el amo cae en una dependencia absoluta de su subyugado. No debe confundirse los términos amo y esclavo con los términos señor y siervo, pues al hablar de señor y siervo se produce una relación dialéctica diferente a la que produce el amo en oposición al esclavo.

## FORMAS DE LA IDEA LÓGICA DE HEGEL

La idea lógica, según Hegel ofrece tres aspectos, que son los tres momentos de la realidad lógica:

1ro. Es la idea lógica abstracta o lógica del entendimiento.

2do. Es la idea dialéctica o lógica de la razón negativa.

3ro. Es la idea especulativa o lógica de la razón positiva.

La **lógica del entendimiento,** se detiene en las determinaciones inmóviles y en su diferencia, y considera estas abstracciones limitadas en una existencia independiente y bastándose a sí mismas.

En cuanto al **momento dialéctico,** él constituye ese momento especial en que sus determinaciones finitas se suprimen ellas mismas pasando a su contrario. Él es en realidad el principio de todo movimiento, vida, actividad y el alma de todo verdadero conocimiento científico. Pues la dialéctica es el tránsito inmanente de un término a otro, tránsito en que lo exclusivo y limitado de las determinaciones del entendimiento muestra lo que son, es decir, que contienen su propia negación. Y es en atención a que contienen su propia negación, y no a limitaciones que vienen del exterior, que las cosas finitas pasan a su contrario. Así, por ejemplo, cuando se dice que el hombre es mortal, no se trata de dos propiedades independientes que se regulan desde fuera: la del vivir y la de morir, sino que la vida lleva en sí misma su propia contradicción: el germen de la muerte.

La dialéctica, que da pruebas de su existencia en todas las formas de la naturaleza y del espíritu, da lugar al escepticismo como doctrina que afirma la insuficiencia de toda cosa finita. Pero la filosofía no se detiene ni puede detenerse en este su resultado negativo. Este término negativo, en cuanto es resultado, es un término positivo que contiene aquello de que resulta y sin lo cual no existe. Aquí se da la tercera forma de

**la idea lógica: la idea especulativa.**

## DIALÉCTICA Y RAZÓN

Según Hegel, la razón es algo dinámico, por no decir un proceso. Y la verdad es ese proceso en sí.

La razón es "progresiva": el conocimiento del ser humano está en constante ampliación y de esa manera progresa.[18]

El "espíritu universal" evoluciona hacia una conciencia de sí cada vez mayor.

La historia es una larga cadena de reflexiones.

Las reglas que rigen para esta cadena de reflexiones son:

1- Toda idea se sustenta sobre la base de otra idea anterior.

2- Así, en cuanto se presente una idea, ésta será contradicha por otra, produciéndose una fusión o tensión entre dos maneras opuestas de pensar.

3- Esta tensión se anulará en cuanto surja una tercera idea, que recoja lo mejor (sensato) de los puntos de vista de las dos precedentes.

---

18 CARRANZA, Luis. (1995). Antropología filosófica. Bolivia. Pág. 194

**Responde las siguientes preguntas.**

¿Quién es considerado en la modernidad como el padre de la lógica dialéctica?

R...................................................................................................

...................................................................................................

¿Explique la dialéctica del amo y del esclavo?

R...................................................................................................

...................................................................................................

...................................................................................................

...................................................................................................

...................................................................................................

...................................................................................................

¿Explique la contradicción como esencia de la lógica dialéctica?

R...................................................................................................

...................................................................................................

...................................................................................................

...................................................................................................

...................................................................................................

...................................................................................................

...................................................................................................

...................................................................................................

# LÓGICA
# ANDINA

# CAPÍTULO I

## FILOSOFÍA ANDINA

Hablar de filosofía andina no es lo mismo que habar de filosofía incaica, porque la filosofía incaica sólo abarca la filosofía de los incas, en cambio la filosofía andina engloba el pensamiento filosófico de los pueblos, naciones y etnias originarias de América.

Si bien es cierto, que la cultura incaica ha determinado fuertemente la concepción del mundo y modo de vivir del ser humano andino, no abarca todas las expresiones del mundo andino.

Lo andino antecede a lo incaico en el tiempo y sobrepasa los límites geográficos del imperio incaico. En ese sentido, lo Andino es más amplio que lo incaico, tanto en su historia como en lo geográfico.

## COSMOVISIÓN ANDINA O FILOSOFÍA ANDINA.

La cosmovisión andina es una forma de concebir e interpretar el universo y por consiguiente el mundo, la naturaleza y al hombre. Por esa misma razón esa cosmovisión andina se convierte en una filosofía andina, porque **teoriza e incluso aplica,** su concepción e interpretación del universo y sus elementos constitutivos, que son: el mundo, la naturaleza y el hombre, **para mantener el equilibrio** y **la armonía en el cosmos.** Siendo que la filosofía debe interpretar la realidad (cosmos), para luego transformarla (mantener el equilibrio y armonía del cosmos), **la cosmovisión andina evolucionó, a lo que es una "filosofía andina".**

## VIGENCIA DE LO ANDINO

En el mundo actual y contemporáneo, las políticas gubernamentales de los países de esta parte del mundo, apuntan a recuperar los saberes de sus pueblos originarios, porque es su patrimonio cultural. Pretenden revalorizarlo, preservarlo y difundirlo.

Lo andino quiérase o no, está enraizado en todos los pueblos de América o del **Abya Yala,** como se llamaba antes de la llegada de los españoles, porque lo andino representa a todos los pueblos, naciones y etnias originarias, que ya vivían en esta América morena, antes de la llegada de los españoles.

Los hombres americanos aceptan al mundo andino que los ha precedido, incluso crean organismos como la Comunidad Andina de Naciones, para identificar sus raíces culturales, étnicas e históricas.

## FINALIDAD DE LA FILOSOFÍA ANDINA

La "filosofía andina" tiene como finalidad ser la filosofía de la liberación latinoamericana, porque pretende aplastar las construcciones teóricas de tipo religioso, místico e incluso mágico de la filosofía europea, planteando como alternativa filosófica, el pensamiento de los pueblos originarios de América, que se engloba en una filosofía andina, que expresa las **experiencias concretas y colectivas del hombre andino en su universo físico y simbólico.**

## EL HOMBRE COSMOLÓGICO

El hombre es un ser cosmológico, porque es parte y complemento del cosmos, ocupando un lugar en esa red de relaciones cósmicas. Todo el cosmos está conectado y por esa misma razón, el hombre es parte del cosmos y tiene la obligación de relacionarse de manera armónica con la naturaleza, el mundo, lo divino y el mismo cosmos.

El hombre es el guardián de la armonía del cosmos, porque al ser complemento universal, todos sus actos éticos y buenos, contribuirán para mantener el equilibrio y armonía del cosmos. Esto porque sí conserva el equilibrio y armonía en su vida, conservará también el equilibrio y armonía de la naturaleza y el mundo; y por consiguiente, del cosmos y universo; ya que, si el planeta Tierra o madre Tierra no tiene equilibrio y armonía (debido a las guerras, contaminación, desaparición de las especies en extinción y el calentamiento global), generará un caos cósmico, una hecatombe universal.

## ÉTICA Y FELICIDAD

El hombre andino para ser feliz, ético y encontrar la paz espiritual, debe conservar el orden cósmico, el orden universal de las cosas, realizando actos buenos y morales que no vayan en contra del equilibrio de la naturaleza, el mundo y el cosmos.

Los actos son buenos en la medida que contribuyen a la vida y a la conservación. Es una ética del cosmos, porque cada acto y comportamiento tienen consecuencias cósmicas, ya que el cosmos es la casa y el mundo es el complemento del cosmos, siendo el hombre complemento del mundo y de la naturaleza.

Este rol de celoso guardián de la armonía del universo lo cumple a cabalidad, preservando y conservando el equilibrio de la naturaleza y por consiguiente del mundo; lo que da lugar a su vez, al equilibrio y armonía del cosmos, porque si hay desequilibrio e inarmonía en la naturaleza y el mundo que son su responsabilidad, existirá desequilibrio y caos también en el cosmos.

## POLARIDAD SEXUAL

La filosofía andina interpreta la condición sexual como una constitución universal y hasta cósmica: Todo es sexuado: los cerros, la luna, los rayos, el sol, la tierra, las estrellas, la lluvia y todo lo natural y cósmico.

La sexualidad forma parte del orden cósmico, es la condición básica para la complementariedad polar. Los fenómenos naturales y cósmicos expresan su polaridad sexual a su manera: día y noche, sol y luna, nube y rayo, se complementan como dos polos opuestos, pero de ninguna manera excluyentes ni contradictorios. Esta polaridad o tensión entre dos opuestos que se complementan **genera la vida, es la fuente de la vida:** el sol calienta la tierra, el agua de las lluvias fertiliza la Pachamama (Tierra), los animales comulgan con las plantas y la nube produce el rayo.

Desde esa perspectiva, el ser humano es esencialmente sexuado y esta condición revela la complementariedad entre lo femenino y lo masculino, que genera vida, que no sólo debe limitarse a la conservación sino también a la perpetuación de la especie.

Tanto el varón (chacha) como la mujer (warmi), para desarrollarse como personas, deben encontrar su complementariedad en el polo opuesto.

## LÓGICA ANDINA

La filosofía andina está basada en principios lógicos, que son: El principio de relacionalidad, el principio de correspondencia, el principio de complementariedad y el principio de reciprocidad.

**El principio de relacionalidad,** se refiere a que en la realidad todo está relacionado, todo está conectado, el hombre, la naturaleza, el mundo y el cosmos. La entidad básica no es el ente sino la relación. Esta relación en el sentido andino no es causal (correspondencia, reciprocidad, polaridad y proporcionalidad).

**El principio de correspondencia,** se refiere a que los distintos componentes de la realidad se corresponden en un todo armónico. El principio de correspondencia se manifiesta en la filosofía andina a todo nivel y en todas las categorías, como ser: **en lo micro** y **macro cosmos,** lo grande a lo pequeño, la realidad cósmica a la realidad terrenal., **en lo cósmico** y **humano,** lo humano a lo no humano, lo orgánico a lo inorgánico, la vida a la muerte, lo bueno a lo malo, lo divino a lo humano. Este principio es válido en todos los campos.

**El principio de complementariedad, se refiere a que en la**
realidad los entes no existen solos ni aislados, sino co-existen con su complemento específico, así como el cielo y la tierra,

el sol y la luna, lo claro y lo escuro, el bien y el mal, lo masculino y lo femenino, que son para la filosofía andina una complementación que se da en todos los niveles y en todos los ámbitos de la vida.

Hay diferencias entre opuestos, pero esos opuestos no están en contradicción, sino en una complementariedad armónica, dentro del orden universal. Los opuestos no se oponen se complementan.

**El principio de reciprocidad,** se refiere: "A cada acto le corresponde un acto recíproco, sea igual o de mayor jerarquía". Esté principio rige y es válido para las interrelaciones humanas, relaciones del hombre con la naturaleza, con lo divino, con el

mundo y con el cosmos. De ahí surge la "Etica Cósmica", ya que la reciprocidad andina supone un "Deber Cósmico", que refleja un orden universal, del cual, el ser humano forma parte.

Todo acto condiciona a otro acto, un acto es recompensado con otro acto, similar o de mayor jerarquía. Se trata de la "Justicia Cósmica", producto del intercambio de bienes, sentimientos, favores y valores.[19]

Las bases del principio de reciprocidad son: el "Orden Cósmico" y la "Justicia Cósmica". Todo esto a partir de las múltiples relaciones existentes entre el hombre con la naturaleza, con el mundo, con la divinidad y con el cosmos.

## LA TEOLOGÍA EN LA FILOSOFÍA ANDINA

Para la filosofía andina Dios está en todo, forma parte integral del cosmos, no como persona sino como presencia simbólica. Dios está relacionado con el cosmos, ya que se encuentra en todos sus elementos constitutivos. Dios sostiene y conserva el orden universal del cosmos, desde adentro, por eso todo es sagrado: el Sol o Inti, la Tierra o Pachamama, los

---

19 MANZANO, Henry. (2010). Filosofía Interpretada y revolucionaria. Bolivia. Pág. 201

animales, los ríos, la naturaleza, el mundo y el cosmos. Dios forma parte de este orden cósmico y divino, Dios no es sustancia es relación.

Dios es la suma de todas las relaciones que posibilitan la vida y el orden cósmico, porque Dios y el cosmos son un todo, se complementan y se relacionan.

El hombre andino se relaciona con la divinidad a través de sus ceremonias rituales y fiestas. Los hombres andinos no creen en ese Dios, de los hebreo-judíos, ni de los cristianos, creen en un Dios que forma parte integral del universo, que está en todo y que sólo conserva el orden, equilibrio y armonía del universo. Es un Dios de equilibrio, de armonía y de amor, que no es religión sino religiosidad, que no necesita de la oración de los demás, ni mucho menos la congregación, que no castiga ni perdona, sólo ayuda y es parte del equilibrio y armonía del cosmos.

## PARA QUE ENTIENDAS MEJOR...

**Responde las siguientes preguntas.**

¿Por qué deberíamos hablar de una filosofía andina y no de una cosmovisión andina?

R...................................................................................

..............................................................................

..............................................................................

..............................................................................

..............................................................................

..............................................................................

¿Qué es la polaridad sexual?

R...................................................................................

..............................................................................

..............................................................................

..............................................................................

..............................................................................

..............................................................................

¿Por qué se considera al hombre un ser cosmológico en la filosofía andina?

R...................................................................................

..............................................................................

..............................................................................

..............................................................................

..............................................................................

# CAPÍTULO II

## LÓGICA

### ANDINA CH'ULLA Y YANANTIN

La vía más corta para entender la diferencia entre occidente y el mundo andino es ir directamente al "software" que utilizan ambas civilizaciones. Si se pudiera simplificar más las cosas, diría que la palabra **unidad** caracteriza a occidente y **paridad** a lo andino.

Occidente y los Andes o andino se diferencian entre sí, porque **occidente** apuesta por el **uno,** la unidad, lo homogéneo, lo impar, todo el poder al **uno,** del lado **andino** se apuesta por el **par,** la paridad, la heterogeneidad, la pareja: el **Jaq'i** (persona casada).

**Unidad** es lo impar y se dice en quechua **Ch'ulla. Paridad** se dice en quechua **Yanantin** que significa dos energías antagónicas complementarias.

### CONTRADICCIONES ENTRE LO ANDINO Y LO OCCIDENTAL

Estas dos maneras antagónicas de procesar información se han formalizado en dos sistemas lógicos también antagónicos. De lado **occidental,** en los Principios de Identidad, No contradicción y Tercero excluido. Del lado **andino,** en los principios de antagonismo, complementariedad de opuestos y Tercero incluido.

### LÓGICA OCCIDENTAL

Estos son:

### PRINCIPIO DE IDENTIDAD

El principio de identidad enfatiza la coincidencia de un ente consigo mismo y su diferencia (no identidad) con cualquier ente distinto Este principio se escribe **A es A.** Esta fórmula expresa muy bien la negativa de este modelo a reconocer la existencia de la otra energía **B,** y que además, es una energía diferente y antagónica. Sin embargo, no puede menos que aceptar que hay otro, pero se hace la ilusión de que ese otro es idéntico a él mismo. A, pues solo puede haber uno y este uno, obviamente es él y es universal.

El Principio de Identidad, sostiene que cualquier ente es necesariamente idéntico consigo mismo, enfatizando la diferencia con cualquier otro ente distinto. Leibniz sostiene que este principio es la base del individualismo de las personas y de los Estados modernos.

Este es el principio lógico de las políticas coloniales de evangelización, extirpación de idolatrías, progreso y cooperación al desarrollo. Es decir, la intención de homogeneizar el mundo al modelo occidental. A=A. La pulsión actual de imponer un pensamiento único proviene de esta matriz lógica. La **Globalización** es la forma contemporánea de imponer, política y económicamente, a todo el mundo el Principio de Identidad aristotélico. Lamentablemente para ellos existe lo andino, los Andes o el Tercer Mundo anti capitalista y anti imperialista que es el otro antagónico, a quién quieren negar y quieren moldear de acuerdo a su imagen y semejanza, pero esta otra parte muestra resistencia.

Este principio postula un Dios varón, desconociendo lo femenino, **B** (la otra energía contradictoria).

La debilidad de este principio es que no expresa la realidad empírica tal como todo el mundo la experimenta, porque no todos piensan y sienten de la misma manera.

## PRINCIPIO DE NO CONTRADICCIÓN

Este principio lógico dice que A **es** A **y no es** A, Es decir que A **y B** no pueden ser verdad al mismo tiempo y bajo las mismas circunstancias; porque o bien A es verdad y entonces **B** es falso o al revés, **B** es verdad y entonces A tiene que ser falso. Dicho de otro modo, si yo tengo la razón, entonces tú no la tienes. Si Occidente tiene la verdad, entonces el mundo andino no la tiene. **No se acepta que haya dos verdades** que pueden ser tanto de occidente como de lo andino.

El principio de complementariedad andino cuestiona de una u otra manera, la validez universal del principio lógico occidental de la no contradicción, porque si para la lógica de occidente, una proposición no puede ser verdadera y falsa a la vez y en las mismas circunstancias; se trata entonces de una contradicción formal [~p (q ∧ ~q)] y no material. Este principio también tiene un corolario metafísico: un ente no puede existir y no existir a la vez, ni ser otro ente al mismo tiempo.

El principio de no contradicción occidental tiene dos derivados, el principio de identidad y el principio del tercer excluido.

## PRINCIPIO DEL TERCERO EXCLUIDO

Este principio sostiene que no existe un tercer término, **(T) Tercero** que debería ser **incluido, pero no lo es.** Una proposición es o bien verdadera o bien falsa, y por consiguiente, no existe una tercera posibilidad que sea verdadera o falsa. Este principio afirma, que si yo tengo la razón, entonces tú no puedes tener la razón o viceversa; pero de ningún modo se acepta la verdad o falsedad otras posibilidades, en este caso, de una tercera posibilidad. Este principio es la base del **racismo** y **la xenofobia,** porque se excluye.

Todo esto presupone que determinadas clases ostentan el poder y la riqueza y que se excluye a la gran mayoría para que no tenga acceso a la educación, salud, seguridad, alimentación, tierras, etc.

## LÓGICA ANDINA

Estos son:

## PRINCIPIO DE RELACIONALIDAD

Este principio afirma que todo está relacionado, vinculado, conectado con todo. Por consiguiente **la relación básica es la relación;** no el ente, que es parte de la metafísica occidental. En los Andes la realidad es entendida como una **red de**

**relaciones,** por ello para la lógica andina, un ente totalmente separado y aislado, como el Dios monoteísta, es sencillamente inimaginable; sería el máximo grado de abstracción; es decir un no ente.

El principio de relacionalidad no es solo lógico, sino que implica variables afectivas, ecológicas, éticas, estéticas y productivas. La relacionalidad deriva de la experiencia de saberse parte de la totalidad.

Se ha visto que la cosmología del mundo andino, está basada en la lógica de que todo lo que se encuentra en el universo vive y se halla vinculado entre sí, tanto horizontal como verticalmente. Este vínculo hace que todo se encuentre bajo una influencia que tiene como característica la reciprocidad y que cada parte, que está comprendido en el todo es decisiva para alcanzar la armonía en el cosmos. Esta armonía es el gran cometido del hombre andino, durante sus actividades diarias e incluso durante su vida entera. El hombre andino busca el **equilibrio cósmico,** un equilibrio dinámico donde sí, los fenómenos meteorológicos, las plantas, los seres humanos, los animales y los espíritus se comportan conforme a sus ritmos naturales, entonces reina un equilibrio cósmico. Si se rompe la armonía entonces reina el desorden y el caos para las entidades relacionadas entre sí; produciéndose un **caos cósmico.**

Para el **jaqi,** Dios es un "ente" relacionado, con el mundo, la naturaleza, el hombre, los animales, las plantas y el universo mismo, porque es parte del cosmos.

La proposición Cartesiana del **"cogito, ergo sum",** **"Pienso, luego existo"** es para la filosofía andina un absurdo; ningún "ente" es arjé o principio de su propio ser o de su existencia. El "ser" más bien es el "ser relacionado"; la "ontología" andina siempre es una "inter-ontología".

## PRINCIPIO DE CORRESPONDENCIA

Este principio afirma que los distintos aspectos, regiones o componentes de la realidad se corresponden, respondiendo a la provocación de su opuesto de manera armoniosa; relación que implica una bidireccionalidad mutua. Para el pensamiento andino, los nexos relaciónales son básicamente, de índole cualitativa, simbólica, celebrativa, ritual y afectiva, sin que ello excluya lo intelectual, pero, ciertamente, no tiene la primacía que tiene en Occidente.

Hay una correspondencia entre el macrocosmos y el microcosmos; entre el ayllu de los jaqi, el ayllu de la sallqa y el ayllu de los wak'as; entre el ser humano y los insectos, entre los bosques y el universo; entre lo humano y lo orgánico. Entre estas polaridades hay bidireccionalidad: hay reciprocidad.

El principio de correspondencia pone en tela de juicio la validez universal del principio de causalidad, porque este principio incluye nexos relaciónales de tipo cualitativo, simbólico, celebrativo, ritual y afectivo.

## PRINCIPIO DE RECIPROCIDAD

La reciprocidad es el medio utilizado por el hombre andino para ejercer su función de medidor cósmico, que aspira a la armonía del cosmos. Dado que este es un medio para mantener el equilibrio cósmico, se considera de suma importancia, porque se trata de cumplir con cualquier deuda contraída. Puede tratarse tanto de una deuda con otros seres humanos o con otras entidades (espíritus).

La reciprocidad en la relación con la naturaleza, los espíritus y el mismo ser humano, se representa con ritos, fiestas y representaciones simbólicas.

El principal vínculo del **jaqi** (hombre andino) es con la naturaleza, a través de su chacra, ese es el lugar sagrado por excelencia, porque allí se expresa el **ciclo de la vida.** Por medio de simbólicas tareas individuales para el hombre y mujer, se presenta el carácter dual de la naturaleza, y a través de los ritos se pide una cosecha abundante o se agradece por la cosecha. Esta cosecha representa la transformación de la vida.

## PRINCIPIO DE COMPLEMENTARIEDAD

Este principio afirma que ningún ente, acción o acontecimiento existe aislado, solitario, por sí mismo, todo ente coexiste con su complemento específico. Este complemento es el elemento que recién hace pleno o completo, al elemento correspondiente.

El jaqi andino, el individuo autónomo es vacío e incompleto, un ente a medias. Recién junto a su complemento, la entidad particular se convierte en un ente pleno. La filosofía andina insiste en el significado literal de lo particular, se trata de una parte necesaria y complementaria, que se integra, junto a otra parte, a una entidad completa o complementada. La contraparte de un ente no es su contrapuesto, sino su complemento correspondiente imprescindible.

El principio de complementariedad enfatiza la inclusión de los opuestos complementarios en un ente completo e integral.

## PRINCIPIO DEL TERCERO INCLUIDO

Existe una tercera posibilidad más allá de la relación contradictoria: la relación complementaria, que genera a su vez el tercero incluido.

Cuando dos polaridades antagónicas y en una misma circunstancia, son de igual intensidad dan nacimiento a una tercera potencia, en si misma contradictoria: el tercero incluido.

El pensamiento andino interpreta la contradicción formal, como contrariedad material: **A** es distinto de **B**, y **B** es distinto de **A**, pero **A** y **B** pueden coexistir como partes complementarias de una tercera entidad que es recién un todo en sentido estricto.

La lógica andina en vez de excluir como lo hace la lógica occidental, lo que hace es incluir otras posibilidades de las ya conocidas, porque el cosmos, está compuesto por un sinnúmero de entes, de los cuales, no se puede afirmar con certeza que sean falsos o verdaderos; pero lo que no se puede negar es que tienen existencia y las potencialidades para ser una posibilidad y una verdad lógica.

## LA CONTRADICCIÓN COMO ELEMENTO DINAMIZADOR

El mundo, la naturaleza y el mismo cosmos tienen contradicciones, porque sin dolor no habría placer, sin alegría no habría tristeza, sin día no habría noche, sin el bien no habría el mal y un largo etcétera. Sin esas contradicciones el destino humano parecería vacío.[20]

La civilización considera la contradicción como una contraposición de dos proposiciones simples e integradas en un todo que las contiene.

---

20 ESTERMANN, Josef. (2011). Filosofía andina. Bolivia. Pág. 121

# PARA QUE ENTIENDAS MEJOR

**Responde las siguientes preguntas.**

¿Explique el principio de relacionalidad?

R...............................................................................

................................................................................

................................................................................

................................................................................

................................................................................

................................................................................

................................................................................

¿Explique el principio de complementariedad?

R...............................................................................

................................................................................

................................................................................

................................................................................

................................................................................

................................................................................

................................................................................

¿Explique el principio de reciprocidad?

R...............................................................................

................................................................................

................................................................................

................................................................................

................................................................................

................................................................................

................................................................................

# BIBLIOGRAFÍA DE APOYO

ACKERMANN, Hilbert. Elemento de lógica teórica. Editorial Tecnos. Madrid - España 1963.

BOSCH, Jorge. Introducción al simbolismo lógico. Editorial Eudeba. Buenos Aires - Argentina 1967.

FLORES, Sánchez Wilfredo. Lecciones de lógica elemental. Editorial Kapeluz. La Paz - Bolivia 2007.

CAMACHO, Salinas Roberto. Metodología y lógica científica. Grafimac. La Paz - Bolivia 1998.

CAÑEDO, Chávez Juvenal. Lógica matemática. Editorial Don Bosco. La Paz - Bolivia 1984.

CARRANZA, Siles Luis. Antropología filosófica. Editorial Juventud. La Paz - Bolivia 1995.

COPI, Irving. Introducción a la lógica. Editorial Eudeba. Buenos Aires - Argentina 1962.

ESTERMANN, Josef. Filosofía andina. Editorial ISEAT. La Paz - Bolivia 2011.

FATONE, Vicente. Lógica y Teoría del conocimiento. Editorial Kapeluz. Buenos Aires-Argentina 1956.

FERRATER, Mora L. Lógica matemática. Fondo de Cultura Económica. México 1955.

FINGERMANN, Gregorio. Lecciones de lógica. Editorial El Ateneo. Buenos Aires-Argentina 1965.

GUÉTMANOVA, Alexandra. Lógica. Editorial Progreso. URSS 1970.

GRANELL, Manuel. Lógica. Editorial Revista de Occidente. Madrid - España 1949.

HARNECKER, Martha. Los conceptos elementales del materialismo histórico. Editorial Siglo XXI. Bogotá - Colombia

1971.

LAZEROWITZ, Ambrose. Fundamentos de lógica simbólica. Editorial Universidad Nacional Autónoma de México. México 1968.

LANGER, Susanne. Introducción a la lógica simbólica. Editorial siglo XXL México 1967.

MANZANO, Henry. Filosofía Interpretada y Revolucionaria. Editorial Colecciones Culturales. La Paz - Bolivia 2010.

MEDINA, Javier. Ch'ulla y Yanantin. Editorial Garza Azul Impresores y Editores. La Paz - Bolivia 2008.

MUÑOZ, Ángel. Lógica simbólica elemental. Editorial Miro. Caracas - Venezuela 1992.

PFÁNDER, Alejandro. Lógica. Editorial Espasa Calpe. La Paz - Bolivia 1940.

PESCADOR, Augusto. Lógica. Editorial López. La Paz - Bolivia 1947.

QUINE, W. El sentido de la nueva lógica. Editorial Nueva Visión. Buenos Aires - Argentina 1958.

ROMERO, Nicolás. Introducción a la lógica moderna. Editorial Tres Marías. La Habana - Cubana 1965.

ROSEMBLOOM, Paul. Elementos de la lógica matemática. Editorial Dover publicaciones. Nueva York - Estados Unidos 1950.

RUIZ, Arango Isidro. Lógica proposicional. Editorial San Marcos. Lima - Perú 1996.

STAHL, Gerold. Introducción a la lógica simbólica. Editorial Ediciones Universidad de Chile. Santiago - Chile 1964.

# ÍNDICE


**LIBRO I: LÓGICA FORMAL**
**CAPÍTULO I**
**INTRODUCCIÓN A LA FILOSOFÍA**
Etimología.
Concepto tentativo.
Diversas definiciones.
Actitud necesaria para hacer filosofía.
Evolución y desarrollo de la filosofía.
Importancia de la filosofía……………………………………………………..……13

**CAPÍTULO II**
**INTRODUCCIÓN A LA LÓGICA**
Etimología.
Concepto.
El pensar y los pensamientos.
Pensar.
Pensamiento.
Clases de lógica.
Lógica
general
Lógica
especial
Historia de la
lógica.
-Edad Antigua.
-Edad Media.
-Edad Moderna.
-Edad Contemporánea.
Importancia de la
lógica…………………………………………………………18

**CAPÍTULO III TEORÍA**
**DEL CONCEPTO**
Diferencia entre idea y concepto.
Propiedades de los conceptos.
Contenido.

Extensión.
Conceptos genéricos.
Conceptos específicos.
Conceptos individuales.....................................................................22

## CAPÍTULO IV TEORÍA DEL JUICIO
Concepto.
Elementos esenciales de los juicios.
Concepto sujeto.
Concepto predicado.
Concepto cópula.
Fórmula del juicio.
Clasificación de juicios.
Según el objeto.
Según el sentido del predicado.
Según su comparación.
Según su cantidad.
Según su cualidad.
Según la combinación de cantidad y calidad.
Según su relación.
Según su modalidad.................................................................27

## CAPÍTULO V PRINCIPIOS LÓGICOS
Etimología.
Concepto
Principios lógicos supremos Principio de
identidad Principio de no contradicción
Principio del tercero excluido
Principio de razón
suficiente.......................................................37

## CAPÍTULO VI
## TEORÍA DEL RAZONAMIENTO
Concepto.
Clases de razonamiento.
Razonamientos simples.
Razonamientos complejos...........................................................43

## CAPÍTULO VII SILOGISMOS
Concepto.

Figuras del silogismo.
Modos del silogismo.
Prueba de los silogismos por medio de los Diagramas de Venn.........46

**LIBRO II: LÓGICA SIMBÓLICA**
**CAPÍTULO I**
**INTRODUCCIÓN A LA LÓGICA SIMBÓLICA**
Concepto.
Historia.
La lógica simbólica y los sistemas lógicos.
Tipos de sistemas lógicos.
Lógica proposicional.
Lógica de predicados.
Lógica de clases.
Lógica de relaciones.
Lógica cuantificacional..................................................................63

**CAPÍTULO II**
**PROPOSICIONES COLIGATIVAS**
Proposiciones.
Características esenciales de las proposiciones.
Clases de proposiciones.
Proposiciones simples o atómicas.
Proposiciones compuestas o moleculares.
Clases de proposiciones coligativas.
Proposiciones conjuntivas.
Proposiciones disyuntivas.
Proposiciones condicionales.
Proposiciones bicondicionales.................................................67

**CAPÍTULO III**
**INFERENCIA COLIGATIVA**
Proposiciones coligativas.
Inferencia coligativa.
Formalización de la inferencia coligativa.
Variables.
Tablas de verdad.
Esquema de la negación.
Esquema de la conjunción.
Esquema de la disyunción inclusiva.
Esquema de la disyunción exclusiva.
Esquema de la condicionalidad.

Esquema de la bicondicionalidad.
Esquema de la negación alternativa.
Esquema de la negación conjunta................................................................71

**CAPÍTULO IV**
**LÓGICA PROPOSICIONAL**
Uso de los signos de puntuación
Cálculo proposicional
Cálculo proposicional por el Sistema Boole
Principales reglas en las inferencias lógicas
Modus ponendo ponens
Modus tollendo ponens
Modus ponendo tollens
Modus tollendo tollens
Doble negación
Ley de adjunción
Ley de simplificación
Ley del silogismo hipotético
Ley del silogismo disyuntivo
Leyes conmutativas
Leyes de Morgan
Ley de proposiciones bicondicionales.........................................................80

**CAPÍTULO V**
**CIRCUITOS LÓGICOS**
Circuitos eléctricos y circuitos lógicos.
Los valores de verdad en los circuitos lógicos.
Leyes booleanas.
La aplicación de la lógica en la electrónica.
Lógica digital.
Puertas lógicas...........................................................................................95

**CAPÍTULO VI**
**LÓGICA DE CLASES**
Concepto.
Relaciones entre clases.
Igualdad.
Inclusión.
Desigualdad.
Operaciones entre clases.
Unión de clases.
Diferencia de clases.

Complemento de un conjunto.
Diferencia simétrica.
Producto cartesiano de conjuntos.
Características de los conjuntos.
Clasificación de los conjuntos.
Conjuntos finitos e infinitos.
Conjuntos  iguales.
Conjunto vacío.
Conjunto unitario.
Conjunto universal.
Conjunto de partes.............................................................................106

**CAPÍTULO VII**
**LÓGICA CUANTIFICACIONAL**
Concepto.
Inferencias con proposiciones simples.
Estructura de las proposiciones singulares.
Simbolización de las proposiciones singulares.
Funciones proposicionales.
Cuantificación.
Aplicación y alcance de los cuantificadores.
Cuadro de oposición.
Cuadro de oposición de la lógica simbólica.
Proposiciones generales simples.
Leyes de la lógica cuantificacional.
Leyes de intercambio de cuantificadores.
Leyes de oposición aristotélica.
Leyes del silogismo categórico.
Ley de especificación.
Ley de particularización.
Leyes de distribución de cuantificadores...........................................117

**CAPÍTULO VIII**
**LÓGICA DE RELACIONES**
Concepto.
Naturaleza de las relaciones.
Par ordenado.
Producto cartesiano.
Relaciones.
Propiedades de las relaciones.
Reflexividad.
Irreflexividad.

No reflexividad.
Simetría.
Asimetría.
No simetría.
Antisimetría.
Transitividad.
Intransitividad.
No transitividad.
Conexidad.
No conexidad...................................................................135

**LIBRO III : LÓGICA DIALÉCTICA**
**CAPÍTULO I**
**INTRODUCCIÓN A LA LÓGICA DIALÉCTICA**
Etimología.
Concepto.
Heráclito de Éfeso.
Concepción dialéctica y su significado.
El poder y los conocimientos.
Ideología y dialéctica.
Lógica y dialéctica.
La duda como método dialéctico.
La esencia de la dialéctica.
Dialéctica de la filosofía clásica alemana.
Materialismo dialéctico.........................................................145

**CAPÍTULO II**
**NATURALEZA DE LA LÓGICA DIALÉCTICA.**
Contradicción y dialéctica.
Desarrollo de la lógica dialéctica.
Lógica formal y lógica dialéctica.
Direcciones de la lógica dialéctica.
Lógica dialéctica materialista.
Lógica dialéctica idealista.
La dialéctica como lógica y como teoría del conocimiento..................156

**CAPÍTULO III**
**LAS LEYES DE LA DIALÉCTICA**
Leyes de la dialéctica.
Ley de la unidad y lucha de contrarios.
Ley de transición de lo cuantitativo a lo cualitativo.
Ley de negación de la negación o desarrollo progresivo...................164

**CAPÍTULO IV**
**LA DIALÉCTICA HEGELIANA**
Padre de la dialéctica.
La contradicción como esencia de la dialéctica.
La dialéctica del amo y del esclavo.
Formas de la idea lógica de Hegel.
Dialéctica y razón.................................................................... 169

**LIBRO  IV  : LÓGICA ANDINA**
**CAPÍTULO I**
**FILOSOFÍA ANDINA**
Cosmovisión andina o filosofía andina.
Vigencia de lo andino.
Finalidad de la filosofía andina.
El hombre cosmológico.
Ética y felicidad.
Polaridad sexual.
Lógica andina.
Teología en la filosofía andina.........................................179

**CAPÍTULO II**
**LÓGICA ANDINA**
Ch'ulla y Yanantin.
Contradicciones entre lo andino y lo occidental.
Lógica occidental.
Principio de Identidad.
Principio de no contradicción.
Principio del tercero excluido.
Lógica andina.
Principio de relacionalidad.
Principio de correspondencia.
Principio de reciprocidad.
Principio de complementariedad.
Principio del tercero incluido.
La contradicción como elemento dinamizador...............................186

www.ingramcontent.com/pod-product-compliance
Lightning Source LLC
Chambersburg PA
CBHW020915160726
47993CB00005B/1979